高职院校实验室建设与管理体系研究

周科艳 著

中国纺织出版社有限公司

内 容 提 要

　　实验室是培养人才的重要基石，是构筑学校的关键组成部分，同时也是教育和教学的主要领域。本书以高职院校实验室建设与管理体系研究为主线，主要介绍了高职院校实验室建设概论、高职院校实验室建设条件分析、高职院校实验室建设模式、高职院校实验室仪器设备管理、高职院校实验室安全与环境管理、高职院校实验室信息化管理、高职院校实验室队伍管理、高职院校实验室协同创新管理模式的构建与分析。本书适用于高职院校实验室教学研究人员。

图书在版编目（CIP）数据

高职院校实验室建设与管理体系研究 / 周科艳著 . -- 北京：中国纺织出版社有限公司，2024.1
　　ISBN 978-7-5229-1388-9

Ⅰ.①高… Ⅱ.①周… Ⅲ.①高等职业教育－实验室管理－研究 Ⅳ.①G718.5

中国国家版本馆 CIP 数据核字（2024）第 035246 号

责任编辑：史　岩　　　责任校对：寇晨晨　　　责任印制：储志伟

中国纺织出版社有限公司出版发行
地址：北京市朝阳区百子湾东里 A407 号楼　邮政编码：100124
销售电话：010—67004422　传真：010—87155801
http://www.c-textilep.com
中国纺织出版社天猫旗舰店
官方微博 http://weibo.com/2119887771
天津千鹤文化传播有限公司印刷　各地新华书店经销
2024 年 1 月第 1 版第 1 次印刷
开本：710×1000　1/16　印张：10.75
字数：200 千字　定价：99.90 元

凡购本书，如有缺页、倒页、脱页，由本社图书营销中心调换

前　言

实验室是培养人才的重要基石，是构筑学校的关键组成部分，同时也是教育和教学的主要领域，以及我们不能忽视的教学资源。它全面实施课程标准、引导学生自我探查和深入学习，提升了学生的实际操作能力和创新思维，从而成为提高学生科学知识体系的关键平台和启蒙科学的乐土。全力提高实验室的质量，热心实验教学，成为实施素质教育的有效路径。实验室在落实党的教育政策，坚定地使用教育推动社会主义现代化，将教育与生产劳动和社会实践相结合，在推动教育公平、深化教育改革、提高教育质量、推进素质教育以及产生新一代人才方面发挥了不可替代的作用。

实验室的含义根据不同的解读有所差异，《高级汉语词典》将其解释为："是特定用途的地方，主要用于开展自然科学类的试验研究。"而《实验室实用手册》的看法则是："实验室是一个通过试验实践协助人类理解并改造自然的场所。"《高等学校实验室工作规程》（以下简称《规程》）在此基础上详细说明："高等学校实验室（包含所有种类的实践与训练室）是学校负责或依赖学校运营的实体，主要负责执行实验教学、科研、产品检测以及技术开发。"尽管这些描述存在差异，实验室的本质是一个进行试验的场所。随着科技的进步和发展，成立实验室的地方越来越广泛，如科研机构、公司甚至政府部门。

根据对于实验室的理解，其在高等教育体系中的核心任务大致包括三个方面：执行实验式的教学、进行科学研究及技术的开创并向社会提供服务。实验室的设置涉及硬件设施和软件环境的安排。硬件设施包括如实验场地、建筑设备、实验设备等；软件环境包括组织结构、运营制度、人员编制、实验环节等。建立一个实验室是一项巨量且复杂的全面性工程，它需要借助系统的观念和策略去分析并处理在建设过程中遇到的各种难题。

对于实验室的建置任务的方向主要被归纳为实验室管理，其核心包含处理实验室的组织构架、设计计划、信息处理、实验教育、科研实验、实验参与者、财务及资产（包括实验设备、实验素材以及易耗品和家具）的管理。

周科艳

2023 年 10 月

目 录

第一章　高职院校实验室建设概论 ……………………………… 1

　　第一节　实验室的地位与作用 ………………………………… 1
　　第二节　高职院校实验室分类 ………………………………… 1
　　第三节　实验室管理 …………………………………………… 4
　　第四节　实验室管理机构 ……………………………………… 5

第二章　高职院校实验室建设条件分析 ………………………… 9

　　第一节　高职院校实验室的地位与作用 ……………………… 9
　　第二节　高职院校实验室建设的目标与任务 ………………… 11
　　第三节　高职院校实验室建设的指导思想 …………………… 13
　　第四节　高职院校实验室建设的基本原则 …………………… 15
　　第五节　高职院校实验室建设应具备的基本条件 …………… 18
　　第六节　高职院校实验室建设团队的组建 …………………… 19

第三章　高职院校实验室建设模式 ……………………………… 27

　　第一节　高职院校实验室建设模式分析 ……………………… 27
　　第二节　合作共建：实验室建设的"双赢"之路 …………… 29
　　第三节　专业设置与实验室建设 ……………………………… 36
　　第四节　教学模式与实验室建设以"教学做合一"教学模式为例 … 37
　　第五节　课程改革与高职院校实验室建设——以项目化课程教学改革为例 ………………………………………………… 40
　　第六节　多元化实验室建设的思考 …………………………… 45

第四章　高职院校实验室仪器设备管理

第一节　仪器设备管理制度 …… 49
第二节　仪器设备管理措施 …… 50
第三节　仪器设备管理考核 …… 50

第五章　高职院校实验室安全与环境管理

第一节　实验室安全与环境管理概述 …… 51
第二节　实验室安全与环境管理的特性 …… 52
第三节　实验室安全与环境管理现状 …… 52
第四节　实验室常见安全事故 …… 54
第五节　实验室防火防爆安全 …… 55
第六节　化学危险品安全管理 …… 60
第七节　实验室危险废弃物管理 …… 67
第八节　实验室应急情况处理 …… 69
第九节　实验室安全日常管理措施 …… 74

第六章　高职院校实验室信息化管理

第一节　实验室信息化概述 …… 77
第二节　实验室信息化管理的技术基础 …… 83
第三节　实验室信息管理系统 …… 100
第四节　现代化实验室信息管理环境的支持设施 …… 106

第七章　高职院校实验室队伍管理

第一节　实验室队伍管理概述 …… 115
第二节　实验室队伍的管理与开发 …… 122
第三节　实验室队伍管理规划 …… 127
第四节　实验室队伍绩效考评 …… 137
第五节　实验室队伍培训与开发 …… 143

第八章　高职院校实验室协同创新管理模式的构建与分析

第一节　指导思想 …… 147
第二节　构建的基本原则 …… 150

第三节　协同创新实验室构建的目标 …………………… 152
第四节　高职院校实验室协同创新机制的构建 …………… 154
第五节　高职院校实验室协同创新管理模式的运行机制分析 ……… 157

参考文献 …………………………………………………… 163

第一章　高职院校实验室建设概论

第一节　实验室的地位与作用

理工职业学校的实验室是实施教育实验、培养理论和实践能力的关键人才的基础设施，是从事科研的主要平台，是技术创新的先进阵地，也是理工职业学校运营成功的一项基本要素。实验室的运行是学校全面业务的一个重要环节。实验室的标准对于教学质量会产生深远影响，对科研和技术创新有决定性的推动力。实验室的运行标准是评估理工职业学校教学质量的一个关键指标。

近期，对实验室的工作及其在高等职业院校发展与构建中的关键性的理解已经得到了广泛承认。教育部在 2004 年成立了专门负责管理实验室建设的部分——实验室科，并在 2006 年创立了高校实验室建设咨询委员会。许多高等教育机构的领导已经发布专栏文章或者加入专题讨论，以强调实验室工作在高校教育中的地位和影响力。不仅如此，中国高等教育学会实验室工作研究会也在近期频繁举行专题研究活动，以探究实验室建设过程中存在的问题。所有这些都清楚地显示，在高等教育的发展和进步中，实验室已经发展成了一股重要的力量，并且实验室团队也已经成为培养创新型人才的重要环节。

第二节　高职院校实验室分类

实验室在高职院校中可以根据各自的特性分门别类，按照当前我国高校实验室的布局情况，主要分为以下几种。

一、按照实验室所关联的学科和专业的特性进行分类

根据服务的学科或专业属性，高等职业院校实验室可分为三类，即基础实验室、专业基础实验室和专业实验室。

（一）基础实验室

例如，普通物理实验室、普通化学实验室、力学实验室等是各专业通用的基础性学科或专业的对应实验室。

（二）专业基础实验室

实验室的学科特性对应专业的基础科目，例如，电子技术专业设有数码电路和模拟电路实验室等。

（三）专业实验室

实验室与其所引领的专门领域中的特定学科是相对应的，如岩层控制实验室是采矿工程专业的一部分，同样，岩石力学实验室属于岩土工程专业等。

二、根据实验室承担的主要任务分类

根据实验室承担的主要任务，高职院校实验室可分为三类：首先是以教学为核心功能的教学型实验室；其次是以科研职责为主导的科研型实验室；最后是主要提供学校内外实验技术支持的服务型实验室。

（一）教学型实验室

实验室的核心职责是进行实验性的教学工作，同时需要负责一部分科学研究工作。这种情况在大学实验室中尤为常见。

（二）科研型实验室

该实验室主要职责在于进行科学研究实验，以及实施实验教学。通常，只有学校有特定领域的确定科研任务，研究型实验室才会被设立。

（三）服务型实验室

该实验室的基本责任是为校内和校外提供实验教学以及科研服务。为了提高设备的运用效率，避免因重复采购导致的浪费，高等教育机构设立了此种类的实验室，如分析检测实验室、计算实验室、电教实验室等。

三、根据实验室从属的管理层次分类

根据实验室从属的管理层次，高职院校实验室可划分为国家级、省级或直辖市级、部委级、大学级、学院系级及教学研究级等不同类型的实验室。大部分省部级及以上级别的实验室通常被认为是重点实验室。

（一）国家级实验室

研究类实验室如果是国家的主要建设项目，其管理就会直接或者间接地由国家主管部门进行引导和监督。具备高尖实验技术条件的国家级实验室，代表国家在某一学科的最高学习、研究和管理质量，对于国家基础科学和应用科学研究的推进起着"领头羊"的作用。国家级实验室不仅要负责处理国民经济建设和科学技术发展的重大研究项目和技术开发工作，还需要对国内外开放，欢迎同行业的客座研究人员进行交流，同时肩负培养国家高端研究人才的职责。

（二）省部级实验室

一般而言，那些位列于省级或直辖市级且受到国家部委级别管理的优秀实验室被冠以省（直辖市）部（委）级实验室的称号。它们可能会直接或者间接地处于其上级主管部门的引导和覆盖之下。这类实验室主要是提供给特定行业或地方进行研究的，有一小部分是服务型实验室。它们的主要职责在于进行重大的应用性研究和技术开发，同时也会向公众开放以便吸引国内外同行业的研究人员。此外，它们还承担着培养我国高级研究人才的重任。

（三）校级实验室

实验室作为高职学校的内部关键建设项目，其管理任务直接落在学校主导部门的肩上，承担着指导和监控的职责。校级实验室主要是学校优先考虑并进行建设的，既可以是以基础和教学为主的实验室，也可以是以研究和服务为主的实验室。同时，这些校级实验室也是开放性的，为学校内外提供服务。

（四）院、系级实验室/教研室级实验室

一般而言，实验室的建立及管理都是由高等职业院校的相关学院、系别或教研室负责。在管理架构上，它直接接受学院、系别或教研室的引导和监督。如果情况许可，实验室是可以对校内外开放的，特别是对学生开放。

要明确的是，国家级实验室（也可称为国家实验室）和国家级重点实验室是两个不同的概念。前者是由国家直接注资建立的，如位于华中科技大学的武汉光电国家实验室，其资金就达到了4.8亿元。目前，全国只有9个这样的实验室，其中包括北京的正负离子对撞基地及华中科技大学的光电国家实验室等。这些实验室代表我国科研的最高水平，它们的建设都符合国际顶尖标准，规模庞大，几乎涵盖了各自学科的全部研究领域。同时，它们的人才选拔也非常严格，只挑选国内外最优秀的科研人才，与国际竞争，通常是各个学科交叉的创新研究基地。而后者是通过国家组织的评定而获得的称号，一旦评定合格，每年都能获得国家的经费支援。全国有数以百计这样的实验室，但它们的研究方向通常较窄。

第三节　实验室管理

管理的基本定义是，为了达成特定的目标，根据既定的原则，通过组织和调度他人的行为，以实现单个个体行动无法实现的结果而采取的各种行动。

换句话说，管理活动就是指管理者采用各种管理工具（如人力资源、机构、法规、信息等），对管理目标（包括人员、财务、物资等）进行影响，来实现既定的管理目标。

实施实验室管理是一项行动，在这个过程中，管理员们会采用各种管理思想、战略和手段，以实验室作为管理的焦点，从而达成先前设定的职务目标。

一、实验室管理内容

实验室的管理任务本质上被看作一项系统化的工程，逐渐形成了一个独特的管理学科领域，众多关于实验室管理的研究文章和专著不断被出版，这展现出实验室管理越来越受到普遍关注。实验室管理体系主要包括实验室的组织管理、计划制订、人员管理、财产管理、预算管理、实验教学的管理、科研活动的管理、信息处理、实验室环境和安全管理等内容。

核心的实验室管理就是应用管理的基本规则、原则、方法和手段对实验室工作进行客观的标准化管理，实现实验室的投资收益最大化，从而为高级教育机构进行科研和培养优秀人才打下坚实的基础。

二、实验室管理系统

作为高等教育机构管理体系的分支，实验室管理系统同样具备系统的特质与性质。构建实验室管理系统的目标，在于从全校实验室的大局需要出发，认识到每个实验室及其运行要素都是系统的重要组成部分，通过详尽的策划、集中的领导，协调其内部各要素的交互关系，进而实现最优的管理效益。

系统原理侧重于系统的分析和优化，这就涉及在时间和空间中对系统的各元素进行有序的布置和搭配，然后基于此来构建能够完成各项分目标任务的一些子系统。

实验室管理系统的层次和管理内容的差异性可能导致其分层化。比如，在大学环境中，实验室管理系统的设定会按照学校的管理结构进行，主要包括实验教育、实验设备、实验人员、实验资讯、设备招标、设备采购和设备保养等多个管理层次。而对于学院（系）级别的实验室，它们的管理系统主要包括实验教育、科学研究实验、仪器设备、家具、低价易损品、信息汇总及实验人员等管理方面。

在科技发展的催化下，广大高等学府的实验室管理系统已然向计算机化转变，大量学府也积极研发适配自身管理方式的计算机软件。在全国范围内，大部分本科学府使用的是由北京化工大学研发的"仪器设备管理系统"；同时，四川大学研制的"实验室综合信息管理系统"也在若干学府投入试用。此外，部分高校还引入了仪器设备在线报价体系和实验信息汇总提交系统等。

三、实验室的设置

随着高等教育的持续进步及制度变革，高校实验室的构建必将迎来一些改变。这些改变包括实验室的新设、改造、合并及取消。实验室变更应按照以下管理流程来进行。

（1）变动报告是由建设单位提交的，其中详细解释了实验室改变的原因，并对实验室改变的实施可能性进行了分析。

（2）为满足事业发展的需求，学校安排专家对实验室调整的必要性进行了辩论。

（3）学校主管部门进行审核，报学校批准。

关于学校实验室变更的明确操作步骤，将在第二章做深入阐述。

第四节　实验室管理机构

一、实验室管理机构的一般模式

我国高等职业院校实验室的管理主体主要包括两方：其一是教育部直属的实验室处负责监管的部分；其二是科学技术部管理的国家级重点实验室，其中包括在高等职业院校设立且通过项目评审的国家重点实验室，以及获得国家批准并挂牌的国家重点实验室。对教育部直属管理的高职院校实验室和重点实验室的问题，则由教育部科学技术司科技计划处负责。另外，省、自治区、直辖市与国务院相关部门的教育主管部门，则负责管理本地或本系统的高职院校实验室的相关工作。

各个高等专业技术学院的实验室管理部门设置存在差异，主要的部门名称涵盖：实验室与设备管理处（如中国矿业大学）、实验室与设备处（如清华大学）、实验室与装备处（如南京大学）、设备处（如浙江大学、武汉大学）、资产与实验室管理处（如吉林大学）、国资处（如贵州大学）、教务处（如东南大学）等。即便各大学各异，但以实验室和设备管理命名的管理部门比例最为醒目，次之是资产管理部门，其他的名称仅仅占据了少数。

高职院校的需求可以推动实验室工作委员会的设立，委员会成员包括校长、相应行政机构的负责人和学术、技术及管理领导者。他们将为实验室建设、高端设备部署及人员教育等关键议题提供探索和建议，确保实施科学合理的管理和咨询。实验室管理、设备供应及设备管理等部门通常都被设置在高职院校的实验室管理部门之下。《规程》也容许规模较大且拥有高质量教职人员和技术组的高级教育机构，运用由学校、学院（系）及教育科研室组成的三层管理结构。

实施主任负责制。在实验室的运作中，一般要经过学校批准或者任命才能成为主任。

实验室主任的主要职责包括：

（1）负责制定实验室建设的规划和方案，同时负责协调实行和检验实施过程。

（2）负责并执行《规程》第二章所述的实验室工作职责。

（3）确保实验室科学管理的有效运作，并遵行、执行相关的规章制度。

（4）负责指导和管理本室所有人员的工作，建立职责明确的岗位体系，同时也负责对本室全职工作人员的训练和评估。

（5）肩负起做好本部门精神及文化建设的责任，抓好员工和学生的思想政治教育工作。

（6）周期性地对实验室工作进行复查和总结，并举行竞赛活动等。

二、实验室管理机构的职能

《高等学校实验室工作暂行条例》明确，负责管理高职院校实验室工作的行政部门（处、科）在校（院）长的领导下对校内所有实验室工作承担责任。该部门的主要职能是：

（1）实施国家相关的指导方针、政策和法规，并结合实验室的实际工作情况，制定《规程》的具体执行方式。

（2）复核并推动所有实验室完成各项职责。

（3）负责规划并执行实验室的构建计划和年度计划，集中起草和审核设备配置方案，监管分发的实验室设备运营预算，并进行投资效益评价。

（4）对实验室管理体系进行完善，内容包括：针对实验教学、科研及社会服务方面的评审评估制度，管理和任命实验室员工的规章制度，实验室运用物资的管理规定，以及经费使用的相关政策等。

（5）负责管理实验室的仪器设备和相关物资，以提高其使用价值。

（6）负责管理实验室团队的构建，并与人力资源部门协同进行实验室人员的编制定岗、职业培训、评估、激励与处罚以及职务晋升的选拔工作。

规模较大的高职院校也可以在学院（系）层面建立对应的实验室管理职位或机构。

第二章　高职院校实验室建设条件分析

实验室是科学的摇篮，对科技的发展与进步具有非常重要的作用。实验室作为一个汇聚人才策略和关键知识创新的平台，其地位和影响力正在逐渐强大。为学生提升全面素质，重要的环境就是高职院校实验室，它在培养学生的科学思维、创新精神、实践技能、分析问题和解决问题的能力方面，具有至关重要的作用。

第一节　高职院校实验室的地位与作用

教育是人才崛起和积极推动民族创新的基石，高职院校教育作为精英人才的关键孵化器，承担着培养人才、推动科技发展及服务社会的三大使命，有利于促进社会经济持续增长。"以人才为基石的强国策略"的决策提出了"充分发挥高等教育机构在人才培养方面的作用"，并且明确了高职院校在实施人才培养策略中的主导职责和社会责任。高职院校实验室是高职院校的重要组成部分和人才培养的重要平台，是提升学生综合素质的关键环节，对激发学生学习热情和主动性产生深远的影响。

一、高职院校实验室是育成创新型人才的关键

实验室是孕育高级专业人才的关键场所，其在教育中呈现出特有的影响力。它不仅传递知识和技术，增强学生的实践技巧和分析问题、解决问题的能力，还可以塑造他们的世界观、思维方式和行为风格。

在实验室的设置下，学生可以体会到知识的孕育与进步，进而塑造科学精神和创新思想。实验前后的准备、观测、操作、协作及回顾，都有助于培育和提高学生的信息处理、知识获取、问题解决、表达以及团队协作和社交的技能。故此，在提升学生的科学技能、创新思考和实践能力等方面，以及在提高教育质量和孵化优秀人才的课题上，实验室具有不可替代的地位。

科学实验是所有科学理论的基础，同时也是科学研究的核心因素。大多数高

校的创新活动都是在实验室中进行的。实验室为学生提供了一个优良的科研实践场所，作为他们进行创新研究的平台，同时鼓励他们自主思考、主动探索，尽可能地挖掘出他们的创新思维和想象力，以此增强学生的实践能力，激发学生的创新精神，提升学生的科研素养。

二、实验室是创新思想的孕育之地，也是国家建立创新体系的关键基石

创新构成了知识经济的支柱，实验室及研究中心则是国家创新设施的基地，各种各样的实验室是知识和技术转型的关键领域。特别是高职院校实验室，其已经化身为知识创新的核心舞台和创新行为的重要场景。此外，实验室也是高科技产业的孵化基地，诸如生物科学、核技术、信息科技和新型材料等新兴领域正是由实验室研究发展而来。因此，实验室无疑是新观念、新理论、新方法的创新源泉。另外，高职院校实验室也是理论与现实融汇的聚焦点，一些教师的新理论、新方法、新技术是在实验室内进行试验、检测，成功后，才得以磨炼并完全理论化，进一步加以提炼和优化。

这个事例清楚地表明，优秀的实验教育环境是创新的有效保障。高职院校则是众多科技专业人才的汇聚地，是创新行动的主体。国家创新系统的活力主要来自高职院校实验室。高职院校实验室的发展和改进是建设国家创新系统的根本。在知识经济背景下，我们必须立足于建设国家创新体系的高点，有效地建设和管理各个层级和类型的实验室，使实验室真正成为高科技产业的孵化地，充分发挥高职院校实验室在创新系统中的重要作用。

三、高职院校实验室是进行科学研究非常重要且必需的场所

毫无疑问，实验室对于科研成果的产生至关重要。在高职院校中，特别是理工科的学府，实验室的作用尤为突出，因为众多的科学研究需要在这里展开。各类学科的研究工作需要将创新的理念与实验相结合，只有经过长期的积淀才能创立新的学术研究方向。这种交织的研究方式，只有通过真实的研究成果才能显现出来，而这些都离不开在实验室内的努力。因此，实验室在目前高职院校科研界的地位不可撼动。我国高度重视诺贝尔奖项，期望能产生诺贝尔奖得主。几乎所有的理工科诺贝尔奖得主，都曾在实验室里辛勤地探索过。实验室是科学的诞生地，是科研活动的主战场，科研理论的源起和证明都需要实验的协助。在科技发展的进程中，所有科学难题的解决和科技发明的产生，都起源于实验室的科学实验。各高职院校的核心实验室拥有先进的设备资源，可以助力教师和科学家实现他们的创新构想和开发新的思路。

第二节 高职院校实验室建设的目标与任务

一、建设目标

（一）较高的实训条件

顶级专业应配备顶级的体验实训场地，顶级具备高度实用、含有高端技术、性价比高的特点。高科技含量涵盖了诸如计算机技术（例如模拟实训）、网络交流技术、控制技术和图形展示技术，并能够在各个实验室中实现网络资源的共享。高职院校的专业设置常常包括一些急需实际操作技术的高科技行业和职位，因此，相应的实验室建设应精心挑选技术设备，全面应用最新的现代技术整合顶尖的器材和设备，保证有超前适应能力并预留足够的发展空间。

（二）高素质的"双师型"队伍

无论实验室装备得如何高端，如果缺乏教课经验丰富、实际技术强、管理手段精通、乐意教学的高素质教师团队参与实验室的设计、搭建、运营和设备保养，以及向学生提供实验训练指导，那么实验室的潜能将无法完全发挥。高职院校实验室不仅是技术或技能人才的孵化平台，也是高职院校教师的发展平台。解决"双师型"教师素质问题，当然可以通过安排教师去公司进行专业实践或岗位培训，但因为目前受客观环境和制度的影响，实施过程中会遇到许多困难，效果也达不到预期。如果让这些教师在实验室进行自我提升，在实验和实训中学习和教授，相对而言会比去相关公司的效果更好、针对性更强。

（三）丰富的内涵建设

依据实验室覆盖的领域，强化对于实验实训教学目标、内容、管理安全及评价体系的建立。根据每个专业的独特性质及其行业特征，我们邀请业内技术专家加入"专业顾问委员会"，以满足职业需求，明确职业技能目标。构建内容体系时，我们要打造一套既与理论教学相结合又具有独立性的实验实训教学体系，保障高等职业教育实践教学的质量，并体现高等职业教育的特色，同时鼓励自编实验教材或启动一系列培训项目。在管理和保障体系的建立上，秉持"企业化管理，市场化运作"原则，搭建完善的实验室运营体系，设置规章制度，优化实验室组织，建立质量监控途径，推广科学化管理。在测试与评估体系的建立上，我们更需重视对于考核内容、体系、目标、形式和要求的整合。

（四）服务地方经济

实验室与社会工作环境具有相近性，使得实验室建设应以对社会开发为目标，成为职业训练、技能考评以及职能鉴定的场所，同时成为继续教育的据点。通过发挥实验室服务社会的作用，高职院校与社会的联系不断加深，进而获得社会的支持。寻求支持的方式就是提供服务，通过贡献达到发展，这对高职院校而言，是深入社会、寻求自身生存和发展的有效路径。

二、建设任务

高职院校实验室建设的目标具体体现在建设任务上。

（一）满足专业实践教学

培育高素质、高技能的专业人才是高职教育的核心目标，其中实验和实际训练是极其重要的教育环节，学生在校期间可以有机会接触到相关领域的最新科技和手艺。所以，高职实验室应该重视专业实践教学的功能。根据实验和实际训练的教学大纲和计划，高职实验室必须提供必要的公共基础课、专业基础课和专业课程的实践和训练，同时对学生进行专业职业基本技能教育、模拟操作的实训和百技之艺的提升。

（二）"双师型"师资队伍培养

职业技术教育的突出优点是它能使学生掌握尖端的实际技术和具备较高的技术应用水平，为了培养这种类型的学生，需要更优秀的教师进行引导。只擅长理论讲解而无法进行实践操作，或者缺乏实践经验的教师难以培养出具有强大实战能力和解决实际问题的学生。高职院校的教师需要具有更全面的知识背景，拥有较高的相关专业技术的实践运用能力，这是实施优质实践教学和教学改革的关键。因此，教师可以在实验室里进行持续自我训练，以提升自身的实践能力。在高职院校实验室中训练不仅可以淡化理论教师和实践教师之间的分别，提升教师的实践能力，同时使教师将此项能力转移到学生身上。

（三）职业资格技能培训与鉴定

各个工作岗位持证上岗是国家劳动相关部门的强制性要求，因此，为学生提供职业技能培训也成为职业院校教育的主要目标之一。职业院校的实验室是最合格的职业技能培训和测试场所，目前，职业技能鉴定所（站）通常设在职业院校中。在这样的前提下，职业院校实验室应具备专业技能培训的能力，充分利用职业技能测评功能，并努力实现优良的社会效益和经济效益。

（四）"产、学、研、训"相结合的场所

在提高高等职业教育质量、塑造卓越学校形象并提升教育实力方面，研究活动扮演着至关重要的角色。这种活动不仅是高职院校自我进步的主要动力，也是提高学校整体水准、教学品质和品牌知名度的关键手段之一。此外，它还满足了高职院校教师专业成长的需要。因此，高等职业学校应当重视实验室的科研功能建设，为教师创设优良的科研环境。这其中，不仅要配备高质量研究环境和先进设备，还要构建有助于科研任务的管理系统。具有强大实力的企业可以与高职院校实验室建立"产、学、研"合作关系，通过长久的相互合作、互利共赢，实现优势互补，加强校企合作及理论与实践相融合，实现共同发展。这将为企业人才培养和技能提升提供平台，建立高质量的校外实操基地，以及为高职院校学生理论和实践教育提供良好的实训环境。应当充分发挥高职院校实验室的各种功能，使之成为"产、学、研、训"相结合的场所，以此创造实验室持续发展的条件。

（五）承担对外技术服务的任务

通过引入外界技术服务，高职院校能够提升其在社会上的声誉和影响，同时获得额外的教育资金。从外部获得的技术服务能推动高职院校教师的专业技能升级，增强他们的专业知识，同时提高他们的职业教育水准。这一做法还能进一步加强学校和企业之间的联系，使社会对人力资源需求和生产发展趋势的信息能迅速传递给学校，学校依此调整教学方法，使职业技术教育改革更精准、更快速地反映经济和社会进步的状态。技术服务还允许学校及时分享科技成果和学校运营相关信息，推动科技向生产力的转化。对于高职院校实验室而言，提供对外技术服务包括培养技术人才和直接完成功能项目。因此，它不仅是外部信息交流的窗口，还是为外界提供服务的平台。高职院校实验室需要构建对外技术服务的运营体系和机制，最大限度地利用自身资源，提供有效的对外技术服务。

第三节　高职院校实验室建设的指导思想

我国科学的高职教育理念应是高职院校实验室建设的指导原则。高等职业教育的主旨是将服务作为核心，以就业为目标，推动"产、学、研"的综合进步，依此理念，教育的终极目标是在生产、建设、管理和服务等各领域培育出技艺深厚、素质出众的人才。这些导向和目标决定了高职院校实验室的建设应以精进学生职场技能为重点，关注实践教学，与地方经济紧密结合，贴近生产实际，

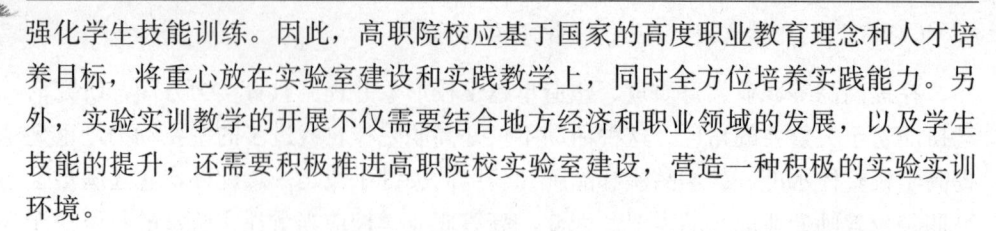

强化学生技能训练。因此，高职院校应基于国家的高度职业教育理念和人才培养目标，将重心放在实验室建设和实践教学上，同时全方位培养实践能力。另外，实验实训教学的开展不仅需要结合地方经济和职业领域的发展，以及学生技能的提升，还需要积极推进高职院校实验室建设，营造一种积极的实验实训环境。

一、高职院校实验室建设必须与高职教学的组织原则协调一致

专业基础能力培养以及大量的专业技能训练项目，主要在高职院校实验室里得以实现。

（1）专业能力项目和能力标准是建设实验室的指导原则；强调实验室的设施建设在于为软件研发提供支持，也即以满足能力培养项目及其标准的需求为目的。

（2）应用实训设备已被产业或业界广泛投入使用，且能够反映出该行业技术应用发展走向的工具，其在3～5年内能够体现相对领先的技术水平。我们应强调设备的实用效果和效率，实现"必需性"与"足够性"的平衡，针对功能与价格、数量与效率的比例寻找平衡点，需要注意的是，不必追求价格最高、技术最前沿或数量最多。

二、高职院校实验室与校外实训基地建设相辅相成

实验室的设计与配置必须适合专门的实践教学组织，满足学生的学习需求，并适应学生专业技能提升的模式；主要强调技能训练，而对理论验证的重视程度相对较低。高职院校实验室主要负责基础技术训练和一些不适合在校外进行的关键专业技能训练；而校外的实训基地主要专注于职业环境和职业规范的训练。因此，高职院校实验室和校外实训基地建设之间应是相辅相成的关系。

三、以改革创新的思路建设实验室

重塑传统的实验、实习和实训方式，推动教学方式及课堂教育的革新，使学历体系与职业资格证书能够更好地衔接。同时加大对"双师型"教师队伍的培养，推动职业教育和职后培训的交流。必须与职业教育课程教材的修改以及关键专业的构建紧密配合。强化学校与企业的合作，鼓励社会各界参与到实验室的搭建中。

第四节　高职院校实验室建设的基本原则

一、先进性与实用性相统一的原则

实验室设施建设在高等职业教育领域是非常重要的，它必须拥有追踪和应用最新科技的能力，并且具有前瞻性眼光。这不仅涵盖了建造教学区域、配备设施设备和制定管理模式，也包揽了对行业内最新技术和工艺的展示，期待在接下来的3～5年能体现出技术的进步。这样一来，学生在实践过程中，能获取和掌握本专业领域最新的技术和工艺，为他们成为高级专业技术人才创造条件，满足逐步提高的职业技术人才培养水平的需求。

与其偏执地追求先进、高端、专业、前沿和外国的观念，不如注重实用。过于前沿的观念可能会造成资源的浪费，因为它与实际需求相脱节。实用性是先进性的基础。所谓的"先进设备"，应以学生为主，其使用频率高，应具备安全、便利、值得信赖和实际的特点。实验室训练能使学生有效掌握现有企业的生产工艺、标准和操作技巧。在高职院校实验室建设中，应针对各专业的发展趋势，研究该专业的最新技术，通过行业专家和学院技术骨干的协助，对实验室建设方案中的技术和设备进行深入讨论，以确保实验室购买的设备与当前先进企业的设备相当，既能保持其先进性，又能体现其实用性。

二、全真性与仿真性相统一的原则

实验实践教育的核心任务在于完成课堂教学无法实现的技术操作学习。这一过程中，需要有目标、有计划、有组织地进行全面、标准化、模拟真实工作环境的基本技术操作训练。因此，高职院校实验室应当尽可能模拟实际的生产、技术、管理、服务前沿环境，尽力展示真实的工作环境，使学生能够在这种真实的工作环境下，按照未来的工作岗位对基本技术要求的标准去实践操作技能并培养综合素质。在当前软件技术快速发展的形势下，许多实验实践可以通过仿真技术来实现，以节约资金。这就是高职院校实验室建设的仿真性原则。

根据这一原则，高职院校实验室建设需要考虑以下问题。

首要任务是，实验室的配置和设计需满足高端设备在专业实践教学中的使用，与学生的学习要求相匹配，同时要满足学生专业技能进步的要求。实验室应提供接近科技公司真实工作环境的培训场所，以适应新兴科技对人才的需求。实

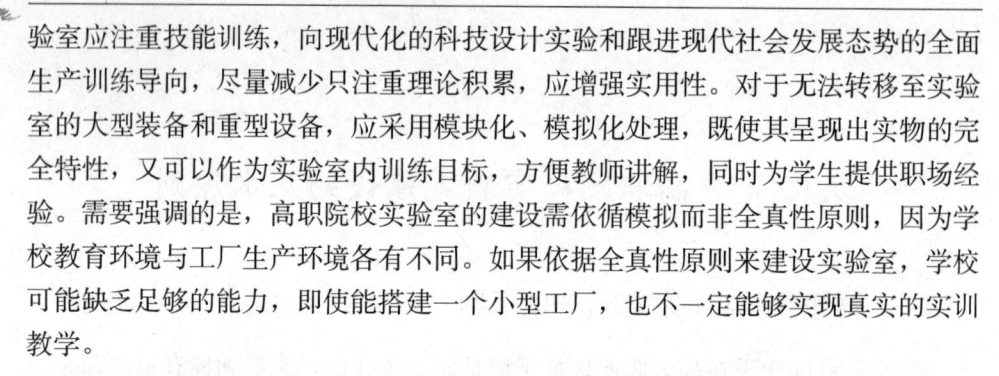

验室应注重技能训练,向现代化的科技设计实验和跟进现代社会发展态势的全面生产训练导向,尽量减少只注重理论积累,应增强实用性。对于无法转移至实验室的大型装备和重型设备,应采用模块化、模拟化处理,既使其呈现出实物的完全特性,又可以作为实验室内训练目标,方便教师讲解,同时为学生提供职场经验。需要强调的是,高职院校实验室的建设需依循模拟而非全真性原则,因为学校教育环境与工厂生产环境各有不同。如果依据全真性原则来建设实验室,学校可能缺乏足够的能力,即使能搭建一个小型工厂,也不一定能够实现真实的实训教学。

三、消耗性与生产性相统一的原则

现在,许多高职院校实验室普遍存在资源和原材料使用过度、效率低下的问题。其实,这些实验室设备是比较充裕的,但仅靠学生实习实训无法保证设备被充分使用,这实际上就是在浪费资源。这种实习实训中的消耗模式无疑提高了教育成本。因此,让实验室进行生产活动,把教学和生产有机结合,从而创造经济效益和社会效益,被高职院校实验室建设视为发展趋势。通过参与生产活动,实验室的资源就能被高效利用,实现实验室资源的工厂化,既满足了学生实习实训的需要,又保证了实验室的设备资源被充分使用,同时产生了经济效益,为实验室的持续发展提供了经济保障,从而有力地促进实验室的自我改善。

无可辩驳,这里谈到的"生产"并不局限于某种产品的制作,还包括一系列通过实验室来实现经济效益共享、降低实践操作成本的活动,比如向社群提供科技咨询、资源分享、专业技能的认证以及为公司培训技术人才等。全社会对于高等职业教育的需求是对现代社会的一种体现,因此,高职院校实验室必须担负起为社会提供服务、资源共享等责任。

四、系统性与重点性相统一的原则

实验室建设的目标取决于产业、行业、企业等制定的能力培养目标和需求。我们主张,实验室(硬件设施)建设的目标在于支持软件系统,以及满足这些能力的培育计划和标准。因此,在推进实验室建设过程中,我们必须秉持系统思维,并遵循系统性原则。在执行过程中须特别关注以下几点。

首先,高职院校需要思考如何最大化利用有限的资源。考虑到教育资源的有限性,高职院校应在建设实验室时,力求用最少的资金去建设一个具有高适应性的实验室,可以进行多个学科的综合实训,并且适用于尽可能多的相关专业(群)。

其次,软硬件的配套需求是另一个重要的考虑因素。为了提升实验室的深度和内涵，我们需要保证相关的教学硬件和软件相匹配。硬件建设包括实训设施和设备的搭建，而软件建设则涉及实验室管理和实训教学体系的建立，不仅包括管理结构、管理方法和管理工具的创新，同时还包括教师的培训、课程体系的设计及教学管理体系的刷新等。

最后，需要考虑实训的多元化需求。实验室应具备培养高级技术人才、训练职业教育师资、实施终身教育和创业教育培训、开展职业技能训练和评估，以及开发、使用和推广先进技术等功能。因此，高职院校在建设实验室时，需做到全面规划和多功能设计。

五、独立性与共享性相统一的原则

在新的环境中，高级职业教育的实验室需要在整体规划和设计中体现开放性，实现资源共享。这意味着，实验室不仅要为专科或专门领域提供培训，而且要为学校的其他部门以及相关领域提供基础技能培训，还要为社会提供全面服务——作为对外交往的平台和服务中心。高职院校实验室应尽量按照工业团队或技术类型进行集中设置和建造，而不是强调与设立的专业精确对应。这样可以避免设备的重复购买，实现资源共享，提高投资效果，同时确保设备的完整配置和达到某种规模。高级职业教育专业设置的多样性，要随着市场需求的变化而作出灵活增减，既可以提高实验室对新专业的适应性，也可以推动技术的交叉发展并增强研发生产的复合能力。

资源的互惠和共享主要体现在各职业学校间的关系，以及学校与企业和其他社会教育及培训机构之间的实验室建立的互利、协作和共赢的关联。因此，一方面，应将每所高等职业院校的教育资源进一步整合并优化，以达成职业和技术人才的培养目标。每所学校的教育资源向社会开放，实现教育资源共享，同时使每所职业院校的教育资源充分发挥作用并合理分配，以提高教育效益。另一方面，企业、行业、社会及学校的职业教育资源应该有效地整合，形成大规模的职业教育扩展模式，避免重复投资和效率低下，其中包括实验室建设、设备更新、职业院校教师的专兼职调整，以及就业公共服务系统的建设等。当前，我国大部分地区尚未建立有效的校企协作环境和机制，存在职业教育资源分散，以及实验室重复建设、设备设施浪费和信息未能流通等问题，这些都导致学校运行效率下降。

第五节　高职院校实验室建设应具备的基本条件

一、科学的指导思想

要重塑我国高职院校实验室，必须接受我国高等职业教育科学的教学理念的指导。我国追求以服务为中心、以就业为目标，并秉持"产、学、研"相结合的教育精神，这就决定了在构建高职院校实验室的过程中，要聚焦于学生的职业技能塑造，以实践教学为重点，并深度融合地方经济，贴近生产实际，结合技能培训。

国家高职教育的理念和教育目标要求，高职院校必须将实验室建设作为重中之重，全面推进能力训练。同时，高职教育应以地方经济、产业进步和学生技术训练为基础，大力推进建设高职院校实验室，以创造一个良好的实践教学环境。

二、完善的规章制度

高职院校实验室要想正常运转，就必须严格制定和执行各项规章制度。由于不同实验室都有自己的特点，所以管理措施和规章制度也存在差异。然而，在各类高职院校实验室中，需要在以下几个方面进行重点管理：对仪器设备进行采购和验收，对仪器设备进行使用和保管，对实验室中的低价商品、易用品和消耗品进行管理，对实验仪器设备进行保养和修理，对实验设备破损进行赔偿，对实验仪器设备进行报废，对多媒体教室和计算机房进行管理，对教师进行管理，对技术资料进行管理，以及对高职院校实验室的安全规范和学生实验实训进行管理等。只有做好上述管理，高职院校的实验室才能发挥其应有的作用。

三、合理的建设规划

对于高质量职业学校实验室的建设，全面策划是至关重要的。全面策划不仅需要评估学院所在的地理环境、地域因素，还需要服务于本地区经济及相关行业，这样在校生才有更好的发展。此外，还应兼顾先进的技术、创新性的实验和科学研究。在这个实验室里，学生不仅能进行一般的技能培训，还有机会进行创新性的实验和研究。也就是说，实验室不仅能培养人才，也能产出成果。简言之，实验室的全面策划应具有开放性、先进性、兼容性、可配置性、扩展性、通用性特点。

四、足额的经费投入

历来的经验告诉我们，创建高品质的实验室需要大量资金，资金不足往往成为实验室升级和发展的"拦路虎"。近期，在我国专业教育领域，实验室建设进展缓慢，其背后的原因也是如此。因此，要解决专业教育学校实验室建设的问题，筹集足够的资金无疑是最关键的。过去依赖政府拨款的单一方式必须改变，我们要充分利用政府、学校、公众和企业各自的优势，合力创建一个由多方共同出资、资源共享的优质实验室。

五、必要的人员配备

在高等职业院校中，实验室建设团队扮演着关键的技术角色，他们针对教育与科研的需要，尽力打造一支结构良好且具有稳定性的实操教学及管理团队。这个团队的主要成员包括高等职业学校实验室的主管、技术专业人士、教学辅助人员和全职教师等。根据实际需求，高等职业院校实验室有能力设置多个实验室，并配备全职或兼职的实验培训人员。

六、稳定的"双师型"队伍

如果把充足的场地以及先进的仪器设备看作实验室必不可少的硬件，那么熟练掌握理论并能够实践的"双师型"团队就是落实实验室功能的关键软实力，这两者均是保障实验室进步的主要构成。技术类高校应当让更多教师在企业里实习，增长实际工作经验，从而提升他们的实践教学能力。同时，学校也应该雇用一些企业技术人才和技能熟练的工匠担任兼职教师，增加兼职教师的人数。对于实验室来说，有一支数量足够、构架合理、专兼结合、稳定又完全胜任教育研究任务的实践技术团队是非常重要的。

第六节 高职院校实验室建设团队的组建

很多高等学府开始构建科技创新团队以推动创新科技的进步。为了实现优质教学一些学校也开始筹备教学团队。这种做法对于高等职业院校在建设自身实验室的时候可以借鉴学习。在高职院校打造实验室的时候，除了要广泛地听取大众意见，需要全体教职员工的全力投入，还要考虑建立专门的实验室建设团队。这样可以保障实验室在初始阶段的建设任务按期、按标准完成，而且在实验室的运转过程中发挥更大的效用。

换句话说，团队就是为实现共享目标而共同承担责任的有力组织。团队优势体现在集体的力量超过单一力量，收集信息的能力和速度超越单一个体，解决问题的深度和广度超越个人思维，完成任务的效率和范围超越单一力量，应变能力和创新成就均超越个体。

一、高职院校实验室建设团队组建的要求

对于高职院校实验室建设团队组建，主要有以下五个方面的要求。

（一）团队带头人

团队负责人在高职院校实验室建设中起着核心作用。不仅要求其拥有深厚的专业知识和技艺，而且被认为是该高职院校实验室在某一专业领域的权重人物，能领跑学科前沿，拥有出色的领导才能和协调能力。他们需要擅长调动和利用社会资源，通过高效的团队管理，培养出强大的团队凝聚力和创新能力。他们可以实时关注行业发展趋势，准确研判出实验实训改革的方向，确保实验室建设的先进性。同时结合学校和企业的实际情况，针对实验实训教学的特性，拟订可行的团队建设计划和教师职业生涯规划，推动团队持续发展。

（二）专兼结合的制度保障

通过学校和企业两者的人力资源配置和管理系统，确保行业与企业的兼职教师供应、数量及素质，以及提高学校全职教师在企业实习的定期性和效率。学校全职教师和行业、企业的兼职教师会按照专业（或专业集团）的人才培养需求，在团队中各展所长，合力完成各项任务。

（三）"双师型"结构的队伍组成

该项目主要由学校的全职教师和各领域、企业的兼职教师承担，他们以高职院校实验室建设作为推进校企协同的依据，制订、策划并实施高职院校实验室的建设计划，同时在实践教学和服务社会等环节取得一定成效。

（四）人才培养

在推进工科教育与人才培训的过程中，高职院校实验室建设团队扮演了学校与企业合作的桥梁角色。通过校园文化与企业文化的互融，将实验教学、生产劳动及社会实践有机结合起来，将高职院校实验室管理拓展到企业，确保学生实验实训的成效，实现高技能人才的双方共同培养。

（五）社会服务

高职院校实验室利用团队的人力资源和技术上的优势，提供如职业培训、技能评估、技术支持等社会服务，享有良好的社会口碑，同时创造一定的社会效益

和经济收益。

二、高职院校实验室建设团队组建的原则

因为高职院校实验室建设团队的成立被视为高职院校实验室建设的创新手段，在实际操作和理论研究方面还处于初始阶段，对于建设原理这类话题的研究也才刚刚启动，需要依据以下五个原则。

（一）实验实训教学与科研相结合的原则

科研活动应与实验实训队伍的打造紧密相连，需要采纳策略吸引具有企业实践背景、操作技术高超、学术深度广泛的优秀教师投身队伍建设，充分挖掘他们在学术和实践领域的优势，扮演师徒的角色，以培养学生的实践技能。

（二）综合考虑课程搭建、专业构建的原则

团队成员除了需要参加高职院校实验室建设，也需要投入到课程的改革和专业的创建中。我们不能让这两方面产生冲突或分离。

（三）突出实践技能培养的原则

树立适应现代特性的教育质量观念，着重于学生的知识、技能、品德等方面的均衡发展，努力培养学生的创新能力、实践技能、独立学习能力、交流技巧、团队合作意识和社会适应能力。

（四）注重师德建设的原则

作为团队的一员，教师需拥有卓越的教学道德，对工作充满热爱与尊重，敢于付诸行动，将收益与损失置之度外，愿意为高职院校实验室建设提供服务。

（五）团队水平整体提升的原则

推进教师培训和培育队伍的任务，以提高教学和研究的整体质量，同时发挥示范和领导的作用。

三、高职院校实验室建设团队的工作内容

从推进高职院校实验室建设和发展的立场来看，高职院校实验室建设组担负实验室的建设、管理，以及技能人才的培育、实践教学的改革、学校与企业的协作、技能鉴定以及社会服务等责任，具体包含以下七方面细节。

（一）高职院校实验室建设方案的规划论证

对于高职院校实验室的建设，它的总体规划十分关键。团队在建设过程中

需要进行深入研究,理解企业的现场制造功能和未来发展潜力,确保高职院校实验室的职前性、实际性、专业应用能力和技术进步性。另外,还需要邀请校内外专家开展多次讨论,理想情况下,每个实验室应由3～4名外部专家和3～4名团队成员组成小组进行讨论,只有通过讨论才能开始建设。团队需要参与项目立项、论证、实施、监控,并完成验收和评估等系列工作。

（二）参与仪器设备的招标、采购等工作

提供技术规格、运行环境、安装需求等相关信息,负责招投标技术方案的制订,参与设备的接货验货、完成装配和系统调试,同时参与设备及物品的管理与维护、批准及检修,始终致力于设备的改进、研究以及自行制造,以进一步提高设备的配套使用率。

（三）参与制度建设,完善技术细节

为了提高高等职业院校实验设备的使用率,需要建立和改进一系列规则和程序,以实现资源优化、分享和有效利用,同时确保实验教学的顺利进行和设备的安全无损运行。我们应参加"双师型"教授小组的建设,并邀请企业技术人员、技术熟练工人参加高等职业院校实验室建设。我们需要按照教学计划来管理和监督实验项目及其教学质量,以及记录、整理和汇报实验教学条件、教学资金和设备的使用情况等。

（四）实验实训课程建设

构建实验实训项目是团队的关键责任,涵盖了对实验实训项目体系的优化、对实验实训项目资源的扩充和调整各实验实训项目间的相互关系。同时,以提高团队负责实验实训项目教学的质量为起点,专注于实验实训项目标准、教学内容、教学方法和方式、主要授课教师等方面的提升,以此在全国优秀课程、省级优秀课程、学校优秀课程中凸显实验实训课程的特色。

（五）实验实训教材建设

课程具体化的教材是教学内容的展现,为学生提供的是模板式的知识体系、教学信息以及教学要求的途径。构建团队需要结合专业自身发展阶段和特性,积极参与各类实验实训教材建设（包括实验实训指导书的制作和技能考核标准的设定）,推动教师编制适合本校实验实训环境和实验室实况的教学材料,以期在实验实训教学中充实高品质、新颖和独具特色的自编教材。

（六）实验实训教学改革立项项目建设

建设实验实训教学革新项目也属于团队任务的一部分,必须给予充分重视。

团队需要进行实践教学模式、实践教学政策、实践课程体系、实践教学内容和教育方法、实践课程评估方式、实训教材制作和教学评价等领域的学术调研，以巩固和提升实验实训的教学品质。高职院校应优质地完成实验实训教学革新研究项目，把重心放在培训并争取校级、省级和国家级的实验实训教学革新项目上。

（七）实验实训教学手段现代化建设

高质量的建设团队需要在充分运用现代教育资源，使用最新的实验教学设备与方法，以及推动教学手段及教学方式改革等方面走在前列，比如使用多媒体教室、模拟训练室、实践教学视频，以及在高职院校实验室网络建设等方面。

四、实验实训建设团队的运行

（一）组成一支以实验室建设项目为核心的建设队伍

主要有两个途径：首先，可以参与院内的新建实验实训计划，组建一个团队，其成员积极投入实验室的搭建和运营过程中，获取第一手的实验实训教学信息，同时对新引入的设备进行深度研究，充分利用设备的各项功能，并积极寻求与企业的合作项目等。其次，可以申请实验实训教学研究项目（如示范性的高等职业院校实验室建设项目），在项目申请过程中组建团队。在组建团队过程中，需要构建出年龄、职称和知识结构均衡的团队阵容。团队成员在教学技能、实践经验和教研能力上需要有阶梯性差距，以期达到优势互补、共同成长和提高的效果。

（二）适当的团队需要发挥团队领导的榜样作用

高层次职业院校实验室建设成功的主导力量是其领导者，他们就是团队的骨干和精神动力。选取一位具备实践经验、个人影响力和学术修养的领导者是实验室团队建设的重中之重。作为团队核心，他们的责任极其重大，包括但不限于：深度理解职业实验教学特点、规章和发展方向，树立实践概念，明确实验教学改革和建设的目标及策略；有能力有效组织调配团队完成建设任务，执行提升实验实训教学素质的策略；对实验教学研究进行规划与组织，带领团队申请实验项目，负责编写实验教材；在实验教学方法和形式的改革中起到引领作用。

（三）适时提出团队目标

目标是构成一个团队的基础，它需要在团队形成之初即被明确下来。只有设立明确、一致和宏伟的目标，团队成员才能采取统一的行动，共同向前，从而获得更大的成就。例如，在以实验室建设为主要任务的高职院校团队中，我们基于

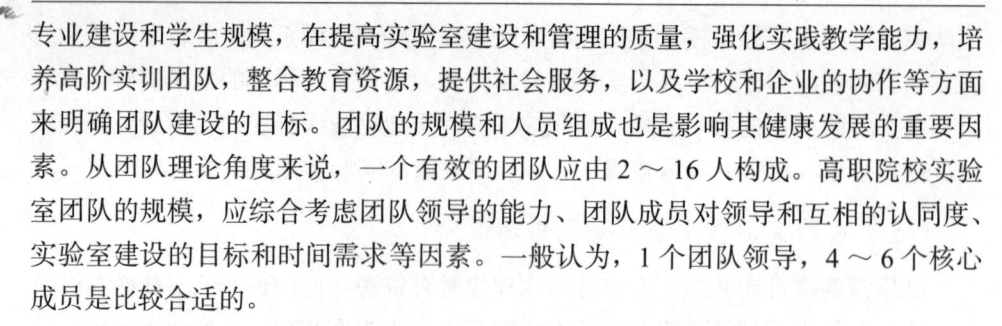

专业建设和学生规模，在提高实验室建设和管理的质量，强化实践教学能力，培养高阶实训团队，整合教育资源，提供社会服务，以及学校和企业的协作等方面来明确团队建设的目标。团队的规模和人员组成也是影响其健康发展的重要因素。从团队理论角度来说，一个有效的团队应由2～16人构成。高职院校实验室团队的规模，应综合考虑团队领导的能力、团队成员对领导和互相的认同度、实验室建设的目标和时间需求等因素。一般认为，1个团队领导，4～6个核心成员是比较合适的。

五、高职院校实验室建设团队有效运行的保障机制

（一）健全制度，形成制度化的建设团队

构建高职院校实验室是一项全面调整和优化人力资源和教育资源的工程。为了构建一个持续并健康发展的团队，建立健全的制度体系至关重要。即便团队中的骨干成员离开，只要遵循一套全面规范的制度，团队的运作和成长就不会受到重大影响。更关键的是，需要创建高效的沟通和协作平台。团队成员可以通过参与集体评估建设项目、实地考察教学现场、分享实验管理经验等方式，促进在教学评估、团队构建、教学资源共享等方面的交流与合作，从而实现团队的知识、经验和教学资源在团队中的共享和增值。

另外，对于学院在进行杰出教师、教育新锐等评审，甚至在职称评估时，会重视考察申请者的实验和实操经验。例如，他们是否参与了实验教学或高等职业院校实验室建设等，这将作为一项必要条件。这样做可以鼓励并引导教师积极投入高职院校实验室的建设中。

（二）注重培养团队精神

打造一支优秀的团队离不开团队精神，这一精神最能体现成员间的无私协作和全力投入，努力实现团队的共同利益和目标。因此，对于高职院校院而言，着力打造一个团结一致、能激发热情、吸引人才、鼓舞斗志的辅导团队，无疑是进行实验教学教师队伍建设的重中之重。而想要做到这一点需要从两个关键环节出发：首先要营造信任的团队氛围。相互信任既是团队合作的前提，也是团队管理的基本原则。在团队内部形成相互尊重、理解、信任的氛围，尊重每个团队成员的学识、技术及观点，使团队成为培养优秀技术人才的摇篮。其次是协作与沟通。协同作战是集体精神的秘密武器。只有深化协作精神，使每个团队成员的才华得到充分发挥，才能达成团队建设的整体目标。为了实现这个目标，需要构建合作精神浓厚的实践教学环境，激发团队成员的主动性和创新精神。

（三）明确目标，构建合理的利益取向

在确立目标和盈利方向的过程中，务必将团队总体的益盈实现作为优先考虑的因素，力求每个团队成员的要求和利益都体现出来。唯有如此，我们才能明确为团队成员指引方向，激发他们的工作热情，同时鼓励他们付出努力为团队而工作，实现团队效能最大化。我们可以给团队成员设定清晰的奋斗目标，例如通过申办各种实验和职业教学研究项目，以及实验及职业教学研究成果奖等，以形成一个通往大家共享的盈利方向，从而激发团队所有成员的工作积极性。至于教师个人成长，需要资深教师去辅导"双聘教师"，也需要资深教师在辅导年轻教师的过程中不断提高自己的意识和知识。对于年轻的团队成员，我们需给他们设定明确的培养目标，并制订行得通的实施计划。对于中年教师，需要继续给他们更多任务，提供各种教育和教学交流的机会，比如参加实验设备展和实验教师培训等，以推动他们在团队中的地位。对于老年教师，应全力利用他们宝贵的实践教学经验和实验室建设经验，鼓励和支持他们为高职院校实验室建设献良策，并尽力发掘他们的潜能，同时让他们引导和协助年轻教师快速成长。因此，年轻教师在发展过程中有了归属感，中年教师在收获的同时也有了成就感，老年教师在享受自我满足感的同时，将团队的进步视为自己的责任，并持续投入努力和奉献。

第三章 高职院校实验室建设模式

以党和国家的教育政策为参考，高等职业院校有必要严格遵循基本的教学和教育法规，应以行业科技的更新程度和社会进步的近期水准作为评价准则，同时，地区和学校的实际发展需求也不能忽视。这就使高职院校必须充分体现其规范、前瞻和实际应用的特性。为了实现这一目标，高职院校需要进一步增加资金投入，加大对实验室的建设力度，确保生产、建设、管理和服务工作以一线的态度进行。同样重要的是，只有保持更新和升级实验和实践训练设备的技术规格，职业教育技术领域的领先地位才能得以彰显。我们的终极期望是组建一批包含教育、训练、职业技能评价、技术服务和生产在内的复合实验室。同时，我们也将创建制造型和模拟型的实践训练环境，以推动"产、学、研、用"相结合的合作方式，进而在提供高质量职业教育的同时，也为地方经济发展创造显著的社会效益和经济效益。下面，笔者就高职院校实验室建设模式展开深入讨论。

第一节 高职院校实验室建设模式分析

按照自身发展所处的客观环境以及当地经济实际发展状况，高职院校应有条不紊、有计划、有步骤地加大其实验室建设的投入力度，将其打造成具有教学、科研、生产、培训等多元功能的集群基地。现阶段，我国高职院校实验室建设的普遍模式如下。

一、"政府投入"模式

政府应该在公共实践训练基地的建设上积极投入财力，除此之外，每年都要增加对职业教育支持的经费，以此不断推动职业教育素质的进步。例如，安徽省的《职业教育大省建设规划》一直坚持每年加大职业教育的财政投入力度，保证省级职业教育的专项资金不低于中部六省的平均水平，这些资金主要用于安徽省的重点工程建设。在实践训练基地的建设上，遵守实用、普遍、共享的原则，采用分阶段、分批次的方式进行，创建了一系列省级重点实训基地，涵盖了数控技术、机械制造加工、汽车使用与保养、电力电子、计算技术及其运用、能量、化学工程、建设、旅游业、物流管理、护理、现代农业等多个专业领域。这些基地不只提供教育训练和技能评估，还提供技术服务，充分体现了政府对职业教育的强烈支持。

二、"政府援助、公众参与以及学校的配合助力"的方式

同济大学城市建设与管理实验室作为同济大学高职教育学院的一部分，它是一个呈现政府资助、社会参与以及学校协作的成功案例。在实验室的创建过程中，政府给予1亿元的专项资金支援，同时学校在场地、人力、科技及部分建设资金等方面也主动参与。在构建实验室的全过程，众多国内外企业及公司、制造商单独或联名赞助，他们的赞助形式多样，其中仅设备的赞助就超过了1亿元，这大大降低了学校的经费负担，并帮助扩展了实验室规模。

三、"自力更生，自我发展"模式

在中专学校升级合并后的职业院校中，部分院校拥有良好的实践教育设施，并发展到了一定的规模。为了充分利用这些实践资源以及广泛与其关联的社会配合实践单位的资源，高职院校可以精心策划、设计、组织和实践，也可以自筹资金，增加投资，强化实验和实践教室建设，以提高实际教学质量，这也是高等职业院校实验室建设的关键渠道之一。

四、"校校共建，优势互补"模式

某些高职院校携手在同一地区的其他学校合作、整合资源，旨在扩大招生范围、降低开支并提高知名度。一方面，这些学校与区域内的其他院校共同出资，共建实验室，实现资源共享，从而提高实验室的使用率，节省资金，例如创建高科技实验区域；另一方面，为了有利于学校的竞争力和发展，学校可以建立并塑造其自身独特的品牌标志，不仅对本校学生开放，也对区内其他学校的学生开放，达到实习和培训的目的。这些做法都充分利用了先进的设备和实践场所，取得了较大的经济效益。

五、"以培养训，以产养训"模式

职业高级教育机构负责外部培训，能带来一定数量的新入学生和运营资金，对内激活了学校的资源，对外则提高了资源的使用率，同时有助于改善实际训练环境。中国自加入世界贸易组织以来，对劳动力培训的需求随着劳动力市场的不断扩大而大幅增加。职业高级教育机构拥有先进的设备、优良的训练场地以及具

有丰富实践经验和扎实理论基础的"双师型"团队。其可利用自身优势，提供长期或短期、高级或基础级别的培训，比如岗前、岗中及轮岗训练等。

许多高等职业院校的实验室设施优质，质量上乘，它们有能力呈现行业进步的最新动态，并具有完备条件向职业认证中心转型，肩负着校内和校外职业技术认证责任。因此，高职院校实验室应该最大限度地发挥自身特点，争取成为职业技术认证机构。完成训练后，学生们可在此进行相应专业的技术认证，并获得对应的职业资格证。这不仅可以显著提高学校的就业率，也能吸引其他学院的学生或在职人员到校参加培训及职业技能认证，提高实验室收益，达到"培训即教育"的目的。

六、"校企合作"模式

当前，高等职业院校正积极地寻求与行业公司的合作，在建立实验室的过程中进行富有成效的尝试并积累一定的经验。首先是寻求资金援助。例如，德国拜耳公司和上海化工专科学校共同设立了"拜耳（中国）培训中心"。其次是寻找设备支持。例如，广州航空专业技术学校的8架各种飞机和48台发动机都是由民航公司免费提供的；还有大量由航空公司提供的导航设备、雷达设备、机电检测设备及航空材料等，这些都为学生的实践能力培养提供了优越的硬件条件。最后，会得到企业的赞助并以企业的名字命名实验室。例如，"广茂达能风暴机器人实验室""北京阿奇华东培训实验室""西门子数控技术应用江苏培训实验室"和"SOLIDE-AGE产品技术培训考试实验室"，就是利用关联公司的资金或设备建立并以其名字命名的。

显然，鉴于当前各专科学院的实验室愈加朝多元化发展，尤其是一些省级、国家级示范专科学院的实验室在影响和推动上扮演日益显著的角色。专科学院实验室建设往往采用各种建设模式的融合，而不仅限于单一的建设模式的发展。

第二节　合作共建：实验室建设的"双赢"之路

《教育部关于全面提高高等职业教育教学质量的若干意见》（教高〔2006〕16号）清晰地提出："构建实践训练和实习场所是高等职业院校优化教学环境、展现学校独特性、提升教学品质的重要课题。高等职业教育的组织者需基于教育规律和市场法则，在秉承构建主题多元的基本策略上，通过各种方法和道路筹措资金；必须紧密与行业内的企业沟通，实施学校和企业的合作，不断优化实践训练和实习场所的环境。因此，应积极寻求学校内部生产型实训基地的新型学校与企业合作模式，使学校负责提供地点和管理，企业则提供设备、技能和教师支援，以企业为主体进行实训。"在高等职业教育中，由于其教育模式主要是以就业为导向，其目标是培养一线生产的技术或技能型人才，学校和企业之间有一种天然的联系，这也为学校与企业的合作提供了土壤。

一、合作共建的双赢性

如果在建立高职院校实验室的校企合作中，企业不能获得直接益处，那么企业参与合作的热情会大打折扣。因此，要保证校企建设实验室的成功，应满足双方利益共享的诉求，这种共赢战略是确保校企合作顺利开展的关键因素。

我国职业教育受教育等级观念的强烈影响，早期发展缓慢，高等职业教育在近十年间才展现明显发展。然而，由于"晚起，资源投入不足"，一些高职院校在办学条件上出现"基础短板"现象，这无疑阻碍了实践教学环节的实施，进而影响了高级技能人才的培育。现代企业拥有优越的实训条件，包括设施环境、设备配置、行业高标准和管理规章，校内实验环境无法与之相比。高等职业教育要想培养出优秀的人才，就必须重视实践教学，在实验室建设方面开创新思路，与企业合作已经成为实验室建设的未来方向。

对于教育机构来说，合作企业能够有效地解决了教育与社会需求无法对接的问题，缩短了教育和社会在人才培养需求上的间隔，同时提高了学生融入社会的适应力和竞争力。

采用企业和学校合作的模式可以更好地满足专业建设的需求，推动课程的更新和改革。它有利于优化教师培训的方法，建立并维持实验实训基地，改善实验实训环境，加深对教育和培训服务领域的理解，从而提高教学效率。学生可通过深度接触和了解领先的制造技术，从而提升"双师型"教学团队的专业知识和实践能力。企业的投入可以改善实验实训环境，企业深入参与则对教学改革有益。企业与学校的协作，利用校园和社会两个教育平台，对课程学习和技能训练进行合理规划，使人才培养、教学内容和教学实践更接近企业的生产实际，这有助于提升学生的实践能力和综合品质，以实现培养技术型优秀人才的目标。

对于商业实体而言，尽管商业与高等职业教育在价值方面存在差异，但在关键利益层面是一致的。高等职业教育的主导目标是为各企业输送合格的知识人才。"人才养成中心"是对高职院校最恰当的描述，它既是企业最大的人才源泉，又是成本最低的人才培养基地。自然，企业也为高职院校毕业生开辟了重要的职业发展路径。这种"服务链"的联结和利益相关性，为企业和教育机构的协作创造了实质性需求。企业希望毕业生马上在生产第一线解决实际问题，所以寄望于高职院校能强化实践教学，重视实验室建设。在这种视角下，企业对企业与教育机构共同搭建实验室的项目抱有积极期待。总的来说，与学校合作的企业不仅能获得优质的人力资源和低成本的"外包产品"，还能享用教育机构的技术服务、培训服务和咨询服务，更有机会共享高等教育资源。

同时，企业能够通过赞助教育实现推广目标，塑造企业形象；更为关键的是，学校和企业的联合能够潜移默化地创造出一个学习型企业，加强企业的文化环境和基础竞争力。

为了促进学校和企业在实验室建设上的合作实现双赢局面，双方都应对目标有明确的理解。一方面，校方需要根据其"人本"的教育观来设定实验室建设目标；另一方面，校方需要满足企业把经营作为实验室主要需求的基本条件。目前，许多职业学院采用了"定向教育"和"命名班级"的教育模式，这就需要更深入地研究以配合其合作企业的人才需求。在这种思路下，高职院校实验室建设必须以某一行业或产业为背景，并以培养职业技能和职业素养为核心观念。同时，学校还需要借助学校与企业合作的互惠互利，发挥专业建设指导委员会的影响力，打造校企共赢、优势互补、互动发展的新型合作模式。

通过科技创新和技术实施寻找交融点，这有利于提升高校与企业的共同利益，实现双方共赢。学校应当突出其在教育与科研方面的优势，主动为企业提供新产品的研发、技术改进、技术咨询以及企业员工的在职培训和继续教育等服务。同时，学校应为企业的科研人员在学校进行技术试验提供便利，让企业获得参与合作教育的利益，不仅能引进所需人才，还能借助高职学院的科研优势发展自身。高职学院应坚持以人力资源培养为目标，依据不同企业的发展需求，在教学过程中融入企业文化教育，为企业培养并推荐优秀人才。

现阶段，我国高等职业教育领域中，校企协作的实验室建设模式相对单一，层次并不高。我们需要深度探索并向国际先进的高职教育合作模式学习，包括校企合作、产教研合一以及优秀技术人才的培养路径，同时扩大合作的广度，营建多元化、层次化以及多角度的实验室。校内或校外建立实验室，单独投资或共同投资，与国有或私有以及其他所有制的公司合作，都是高校可以考虑的选项。企业在教育和教学上全程参与，是确保高职教育特殊性和优质性的重要条件之一。高校应考虑我国具体的国情，顺应全球化的经济发展，以市场的人力资源需求为导向，持续调整专业方向、改进课程设置、丰富教学素材，扩大校企协作的对象和范围。同时，引入和利用国际标准是必要的，以提高学生的信息技术和外语交流能力，培养具有国际竞争力的专业人才，以满足国际合作的需要。

二、校企合作共建的几种模式

在勾画学校和地理环境的概况后，我们应挑选几种不同的协作模式来进行学校与企业合作的实验室建设。

(一)"产学结合"模式

实验室的建设方法,结合了学校与企业的教育条件和资源,通过课堂教育与学生参与实际工作相结合,来培养满足各用工单位需求的高技术人才,这就是所说的"产学结合"模式。

在推动教育改良的过程中,高职院校应着眼于未来的发展,利用其在人力资源、科技、信息等多方面优势,建立各专业特有需求的实验室,配备先进的设备和设施,如各种模拟或仿真训练场、校办工厂、公司等。在仿真训练室的仿真软件上投入更多的资源,并致力于展示科技在生产和教育领域的用途。另外,还需要不断更新教学程序,向学生提供最新的行业技术信息,以适应科技进步的步伐。校办工厂和公司应提供大量技术人员,并进行公司化管理,为学生创造真实或仿真的实践操作环境。

虽然实验室对学生的技术培养相当有利,但其获益仍然有限。仿真培训场所难以创造出实实在在的企业生产环节,双向的教与学交流不能顺利展开,也无法在真实的职业环境下锤炼和提高学生的能力。同样,众多的高等职业院校的学生需要接受多种岗位、工艺及技能的教育和训练,在多元和多样的实践教学场地中学习,这显然超出了校内实验室的承受范围。为了培养出高素养、高技术人才,高职院校需要慎选那些能尽显专业特色、有生产计划和人力需求、对联合教学有热情、设施现代、管理理念科学的公司,共同建立实验室,以便让学生在绝对真实的职场环境中进行顶岗实习。

这是确保产教融合、培育高技术人才的关键因素。

企业和职业院校的紧密合作使得院校能迅速精准地感知经济进步对人才的需求,并具备调动企业资源,有针对性地培养人才的能力。企业的专业技术和实战经验也能极大地丰富职业院校的教育内容。学生技能的训练有赖于职业院校实验室这一平台,它是教职人员与学生接触社会,提升基础技能和综合能力的关键地方,学院有责任为每一个参与实训的学生设定明确目标。在参与实验室生产的过程中,通过企业的管理和指导在场的学生亦能将所学的理论知识转化为实际的生产技能和技术。同时,他们还能够理解企业文化,并将现代企业运营和管理思维引进学校,使学生在实际操作中了解企业的人才需求和相关的知识与技能需求。此外,学生也在实验室通过实训掌握工作所需的各项能力。当然,学校在产教结合过程中需要与合作企业积极沟通,强化对实训学生的评估,全面落实产学合作。

教育与产业界的联系是互动性的。实现教育蓝图中对学生职场技能的培育,我们需要将教育与实际生产活动相结合,并以生产活动推动教育的顺利开展。学生的知识、技能及素养的增长并不仅依赖于课堂授课，实践中的学习和理论与实际相结合也是人才培养中不可或缺的环节。这种互动亦表现在高等职业院校在与企业合作时需借助领先的理念引领企业生产，推动知识经济的发展。同时，高等职业院校必须充分利用其优势，确保学校教育与企业实际生产运营的有机融合，以及教师、学生与实践、理论及实际相结合，以达到将教育品质与社会需求有效衔接的目的。高等职业院校可以充分发掘自身优势，为企业的科研和管理人员提供继续深造的机会。高职院校实验室应注重师生共同参与，鼓励教师参与生产实践，深度参与企业的技术和管理活动，使一部分年轻教师在实践中提高技术和管理能力。

（二）"产学研结合"模式

"产学研结合"模式下，企业和学校以及科研机构通过紧密结合，在科研推动生产的同时，将学术机构的研发成果转化为生产力，并在实践中推进科研的发展，以实现教育、生产和科研并行发展。

教育部门需将高等职业教育与经济发展需求结合起来，深度探索企业需求，适应科技创新的最新动态，并将人才的培养和科学研究深入融入企业的生产环节。许多高校的研究项目是直接从生产线上产生的，生产过程中出现的关键性技术问题通常需要依靠科研机构的科技成果来解决。因此，高校的科研部门可以利用其技术、人才和设备上的优势对应用技术进行开发研究，将教学和研发紧密结合，推动科技创新转化为实际生产力。高校可以在校园内建立高科技产业和科技园区，构建一个开放、企业化并集"教、产、研"于一体的实践教学基地；也可以创建科技开发公司，研发新项目，转化新科技和新产品，实现产研的密切结合。如果校园内的企业不开发和研究应用技术，或者不将引进的高科技成果进行技术改造，新产品就无法成功推出，也就不可能在激烈的市场竞争中占有一席之地，无法成为行业示范企业。

企业伙伴在生产中应持续识别需要解决的技术问题以满足自我发展的需求。高职院校有能力利用其科研优势积极介入企业的新品研发和技术升级项目，与企业共同对技术难题进行攻关。有可能构造以市场为主导的研发模式，由企业负责投资，职业院校负责科研项目，将研究成果引入社会，推动高科技产业化进程的发展。高校和企业应共同推动人才交流机制，鼓励教师参与生产线的技术开发项目，加强其实践、研发和创新能力，使他们成为能应对高职教育和承担应用技术开发任务的"双师型"教师。企业的技术专家、管理人员、会计师、经济师等应在学校内参与教学研究，向学生传递实际生产和管理的第一手知识，鼓励学生积极参与技术开发研究项目，乃至将企业的技术难题作为学生的毕业设计，以便激发学生的求知欲和问题解决能力，进一步提高高职教育的人才培养质量，促进

"产学研"的深度融合发展。

因此，企业可以与高等教育背景相结合，借助他们的科研优势，共同开发新产品，利用新技术和新科学，应用创新管理理念等。如此一来，企业不仅令其人才繁荣，也在产品和技术方面拥有优势。另外，企业提高科技水平，可以进一步促进高等职业教育的发展，并为学生提供良好的实训环境，有助于高职院校在教育、科研和生产等方面的整合。

（三）"学研结合"模式

借助学校与科研机构在人才和技术上的优异表现，通过融合理论教育、研究项目和技术创新，实验室在学习与研究的结合中使学生能够掌握在行业内具有领先地位和高科技含量的专业知识。

随着社会经济的进步及科技的不停升级，人们对专才的学识、才能及品性有了更高的期望，对技术型专才的综合素质的需求也不断提高。学生应具备良好的专业技术品质和实际操作能力，不仅一毕业就能立即上手，还能在职场上不断提高创新和自我成长的能力。如果高校不改变过去一成不变的专才培养模式，就很难适应社会发展的需求，也无法达到培养高技术型人才的目的。因此，关心学术研究，特别是应用科技研究变得越来越重要。在高等职业教育领域，科研与教育之间联是紧密无间、互相牵动、相辅相成的。教师们把科研的信息融入教学之中，为教学带来了新观念、新方式，并以此推动教学。同时，在教学过程中融入更多的科学研究，借由教学推动科研、带动成就，从而更有效地培养出具有创新精神的人才。

在如今科技飞速发展的时代，高等职业院校须积极寻找与本土科研机构的跨领域合作机会，全方位利用科研机构的先进设备和专业技术，特别是分享科研机构的高级科技资源，运用它们进行教学，在课程中融入科研成果，使学生随时掌握最新的学科和产业动态。同时，教师也应参与科研项目并深度参入实验室，尽其所能将科研机构的最新研究课题引入课堂，共同推动协同研究和科技革新等。高等职业院校还应立足科研机构的知识底蕴，组建优秀的兼职教师团队，全力提高教学水平和教师的科研实力。同时，科研机构也可挖掘其科研育人功能，利用自身的科技、人力和知识优势参与教育产业的发展，联手开办院校，共同培育高素质、高技能人才。

在高等职业院校，研究和教学相结合的实验室主要依靠学校专业技术的优越性和实验设备来开展教学和科研工作。一些学校内部设有研究机构和实验室，它们应与专业发展紧密相连，以教学服务为主要目标，保持对专业前沿信息的了解和掌握。教师在教学过程中可以开展基础研究，尤其是应用研究，可以以专业领军人物和研究组为导向，进行各种课题的研究和开发。对学生来说，我们鼓励他们在教师的引导下，根据理论和实践的发展需求来设定研究课题，参与产品的设计和开发，培养他们技术开发和科技应用推广的能力，推动高职教育向更高水平发展。近些年，越来越多的在校生申请国家发明专利，充分展示了学习与研究相结合的教学模式在高职教育中焕发的活力。

三、合作共建的其他模式

近几年，由于所有高等职业院校不断地革新自身的教育模式，以及国家对职业高中教育的连续关注，高职教育的特性变得越来越明显，并在高职院校实验室建设上发展出许多新的构建方式。其中，安徽职业技术学院在近年创新出了以下几种建筑模式。

（一）"筑巢引凤"模式

在建设新的校园过程中，该校始终致力于挖掘教学资源的潜力。他们根据企业生产车间的需要，创建了全新的实验和实践场地，其设备由企业提供，场地由双方协同管理。主要由企业负责组织生产和实践活动，从而创建将产品生产和学生实践相结合的实验室。这种"瞄准现场，合力引导资源"的方式，能够推进学校和企业共同创建职业院校实验室，有助于实现资源共享，同时能最大限度地挖掘实验室的优点，将生产与实践有机结合。在真实的生产实践教学中，学生可以参与到生产线的工作中，感受企业的生产环境，对复杂的实际生产进行实践训练。把企业生产线完全融入学校的教学中，将课程实践转变为生产实践，既节省了企业的场地投入，也使学校和企业得以互补互助，共谋发展。

（二）"研发培训"模式

通过联手企业和行业团体，将满足企业和行业团队对优质人才和技术援助的需求作为获益亮点，吸引他们与学校共同打造职业技术学院实验室，使之转化为企业和行业团队的研究开发和培训中心。

（三）"合作教育项目"模式

借助于大型企业集团的共同教育计划，满足市场在寻找人才方面的需求的各种合作教育项目，这不仅使企业在这类教育合作项目中获益，还能引导他们投资课程、教职人员，尤其是实验和实际训练方面，从而提高这些合作教育项目作为优秀教育资源的品牌影响力。

第三节 专业设置与实验室建设

学校的教育目标能否实现，重要的基础和前提是专业配置。学校的发展和建设，学生的培养目标，招生和就业情况，教育投资（例如，高等职业院校实验室建设）、学校运营效果等关键问题，均与专业配置的科学性有直接关系。高职教育的特色要求其在课程建设、专业配置、教学方法等层面必须有自身的独特性，而实验及实训教学在高职教育课程体系中扮演重要角色。所以，高职院校实验室作为培养人才的重要场所，它是学生在校期间提升实践技能和职业素质的主要场所，建设它是提高人才培养质量的核心，同时也是为社会输送和培养优秀人才的基本保证。因此，对于高职院校实验室建设问题的研究，必须考虑高职教育的教学改革。

高等职业教育机构需要对其课程进行设计，它们必须基于市场需求，紧密与社会联结，且应当针对具体区域、行业经济及社会发展的需求，以确保专业课程符合技术领域和职位群体的实际需求。这不仅是评估高职教育机构的教学水平、教育效率和教育品质的重要指标，也是推动高职教育具有特色的核心。然而，不同的专业设置会对理论教学和实践教学提出不同的要求，高职院校在建设实验室的内容和方式上也会有所不同。因此，高职院校教育的课程设计和专业调整的基本方向对高职院校实验室建设产生重大影响，它们为实验室建设提供了重要的参考。

高职教育的设立是为了满足市场需求，因此它在选择专业方面，强调多元化、灵活性、适应性和职业相关性。其中，多元化意味着高职院校可以根据职业或职业群的社会需求，广泛设置专业，或者根据某种技术的应用范围精准定位，或者根据那些社会需求不广的职业要求，找出相似职业的交集，结合成新的专业。灵活性意味着专业设置应主动适应社会和经济发展的需求，与市场同步，以便及时调整。专业是高职院校与社会的交接点，为了使培养的专业人才"走出去"，高职院校必须改革已有的专业，增设新的专业以满足职业岗位的快速变化。因此，高职院校实验室建设应以适应社会职业或职业群的需求为目标和定位。

鉴于社会需求具有持续的波动性，大学专业设置却需要保持一定的稳定性，因此，依据就业角色或岗位集合来设定专业是有很大挑战的，甚至是不可执行的。通常，大学教育通过调整专业清单，拓宽专业范畴，加强基础教学，全方位培育人才，以应对市场快速变化的环境。这种做法虽然有效地满足了对人才的

"适应性"需求，但是放弃了对专业化岗位的"针对性"要求，这明显与高等职业教育的人才培养目标产生了冲突。所以，高职院校在决定高等职业教育的专业设置时，应整合"适应性"和"针对性"，以增强预知性。

高职教育的专业设置不应只是模仿无职业性质的高等教育的专业列表，或者复制常规的高等教育的专业模式，而应依据市场需求、社会需要及学校自身情况来设置专业。专业设置中需充分发挥本地的优点，聚焦资源以保障一些与本地社会经济发展需求相吻合且具有发展潜力的专业的推出，形成特色和优势。从高职教育的目标和要求来看，我们应不忘始终培养符合市场需求的生产、经营和技术开发的技能型人才，这样才能充分挖掘他们的潜力。在设置专业的过程中，高校须高度关注详尽研究、分析和预测市场变动对人才需求的影响，及时调整服务方向，改进专业结构并新增符合社会急需的专业，确保新旧专业相互支撑，达到合理搭配的目的。

据此，上级职业学术机构必须初步实施市场检测，涵盖有关行业的商场需求、发展景象、工艺准则和工作岗位设置等。接着，机构调集校园内外的专业人士对检测结果作深度剖析和探讨，经过深入讨论确定专业设置的策略。这将被视为决定专业微调和建立的主要依据，最后由学校行政部门审核通过。简单来说，上级职业学术机构在设置专业时不能拘泥于旧规，需要坚持检测、剖析、探讨和创新的精神。另外，可以思考建立一些基本的专业区块，这使专业设立能在不同的专业区块组合之上进行。通过设立多个专业区块，能基于不同的职业和岗位需求组成不同的专业，有需求则开设，无需求则撤消，从而实现专业动态设立的可能。因此，上级职业学术机构的实验室在设计理念上与普通专科教育机构的实验室有显著差异。

所以，在某种程度上，市场需求决定了专业设置，专业设置又指导了高职院校实验室建设。但是，构建一个既独特又符合职业需求的高职院校实验室，是一项需要深度研究和探索的复杂任务。

第四节 教学模式与实验室建设以"教学做合一"教学模式为例

教学模式搭建了对教程内容、教学活动和教材选择进行整理和规划的框架，这是一个涵盖教育理念、教学目标、教学方法、教学评价及教学环境等教育关键因素的标准化组织结构。由于具有专业、职业及实践的独立特征，高等职业教育的教学模式呈现出多样性特征。

为了锻炼和提升高职院校学生的实践能力，实验、实习和实训在高职教学中

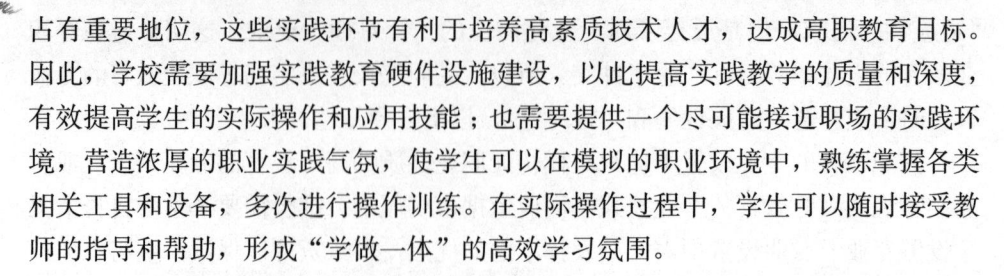

占有重要地位,这些实践环节有利于培养高素质技术人才,达成高职教育目标。因此,学校需要加强实践教育硬件设施建设,以此提高实践教学的质量和深度,有效提高学生的实际操作和应用技能;也需要提供一个尽可能接近职场的实践环境,营造浓厚的职业实践气氛,使学生可以在模拟的职业环境中,熟练掌握各类相关工具和设备,多次进行操作训练。在实际操作过程中,学生可以随时接受教师的指导和帮助,形成"学做一体"的高效学习氛围。

一、"教学做合一"教学模式的内涵

20世纪初期,我国教育家陶行知就提出了"教学一体化"这一教育理念。

他强调,教育方法必须按照学习模式和实践方法进行改良:实践活动导向学习,学习活动指导教学,重点推广以"实践"为基石的教学试验。他主张教育须深入实战中,实现教育与真实问题的密切融合,教学内容和方式应对准现实问题,并达成"应用所学知识到实际操作"的教学宗旨。"将理论课程和实践教学融为一体的教学模式",能将理论知识和实践技巧有机结合,试图把课堂和真实的工作环境相结合,使教师的教学与学生的学习形成统一的教育模式。打破传统的教育模式,通过与实践训练的糅合,创造出独特的教学模块,使学生能在真实环境中体验到学习,通过实践教学获得有效技能,使学生真正做到理论与实践相结合。总的来说,"理论课程与实践教学结合的教学模式"是教师主导,学生为主,以实践为职业基础的教学方式,这是优化职业教育的正确方法。

二、"教学做合一"的教学条件

首先,高校需要设立一个以"实践教学"为主的训练室。该训练室的大小由一个教学班的规模决定,工作桌、设施、工具及物资应得到合理的布置和安置。主要的训练项目(或工具包)应配置1~2名学员,这样有利于增进师生之间的沟通,促进学生之间的互动,提升学生的团队精神。每个工作桌也应配备相关的教学辅助设备,实现理论课堂、专业实验室及技能训练室"三合一"。

其次,创建理想的"双师型"团队。专业理论教师的配备是每个班级一名,实践辅导教师每个实践教室分配1~2名,以及每个专业都配有1~2名生产指导教师。逐步实现每位教师同时兼任专业理论教师、实践辅导教师以及生产指导教师的"三位一体"模式。

最后,高校需要确保各项规章制度的制定与完整,包括如何管理和维护实验室的安全和卫生,如何界定实验室管理员的职责,学生应如何遵守实验室的行事规则,设备如何正确使用,以及设备受损和遗失如何赔偿等。在教学方面,应用适应实践与教学结合的教材、教具和多样的教学方式,例如在实验室内设立课堂。教学应以学生为中心，职业发展为目标，立足具体的岗位职责，关注职业技能的培养。高校可以通过与企业协作开设以工作实践为主的课程体系，专注于提升学生的职业技能和创新精神。

为了实现"教与学一体化"的教育范式，高校需要设定恰当的实际训练目标，备齐对应的设备、器具、原材料等。在此模式下，教学步骤与实践操作密切融合，教师和学生、学生和学生之间的互动始终不断。推行这一模式，能有效强化实践技能的培养，真正实现在实践活动中学习知识，在学习过程中进行实践操作。该教学模式能够激发学生主动学习的积极性，塑造他们优秀的职业道德、技术技能以及持续进步的能力，从而使学生在学习和实践中掌握专业技巧。

"教学做合一"的落地需要具备相应的专业配套的实训产品（或工具组）。教师引导学生自己去参与，例如进行加工、装配、测试和检修等活动。通过实践活动深化对理论知识的领悟，并鼓励学生在教师的引导下独立处理实训过程中遇到的问题，最大限度地提升他们的独立思考、自主操作和创新思维能力，从而培养他们的实际操作技能。

三、"教学做合一"的教学设计

首要之事是对相关课程进行完善和融合，一定要严格遵守实际应用和原则。以应用化工技术专业为例，高校可以对四个基础化学课程（无机化学及实验、有机化学及实验、分析化学及实验、物理化学及实验）的教学内容进行合并，针对其未来教学内容的需求，剔除重复环节，使理论课和实践课的界限变得模糊，并将专业理论教材、实验操作指南和技能实训教材集于一体，打造"三书合一"的教材模式。

另外，教学方式也需要改进，展现出"理论教学与实践操作相结合"的效果。根据新修订的课程标准，高校应该摒弃过去那种"先理论学习后实验室操作"的模式。有些教学内容完全可以一边学习一边操作，理论知识和实践技能紧密结合，课堂教学和现场教学相结合，"教""学""做"三者之间相互支持、相互补充。

四、完善高职院校实验室功能分区，满足"教学做合一"的要求

原本专注于实践操作设备建设，未能满足职业教育院校实验室将各种教学方式（例如，讲座式教学、讨论式教学、场景式教学、实践式教学等）整合为"教学做合一"模式的需求，导致实验室对专业的支撑不足。为了增强实验室的用途及价值，满足"教学做合一"模式对教学环境的要求，在新建或翻新实验室过程中，高职院校要重视围绕小组工作位置的设计，方便学生团队合作，也要

考虑空间布局，使其既可以放置理论教学装备，又可以放置训练设备，以便适应理论教学和实际操作，同时需要设备可以集中于听课区域以及便于学生分组讨论和角色扮演的区域。借鉴企业的职位需求，以职业活动为主线，创造仿真企业环境，塑造开放、全能、共享的"教学做合一"实验室环境。

五、滁州职业技术学院实施"教学融合"式的实验室设计模式的案例分析

总的来说，高等职业学校的实验室布局理念是将教学和实践集于一体，而在具体的各专业实验与实训室建设上，存在以下几种布局形式。

换言之，比如学院的 SMT 实操室、塑料制作实操室、冲压生产实操室等场所，实训区域的布置都是根据生产流程来设定的。

制造过程配置：例如，高校自动化机械电能控制实验室和生产流程控制实验室建设，学生的职业技术训练是通过各个生产环节在不同的工作站点体现的。又如，院校设备包括机械故障检测与修复实验室、汽车结构和拆装训练室、网络工程训练室等技术部分。学生的职业技能训练是通过多个彼此独立的技术部分来实现的，因此，依据技术部分对实验室进行规划是比较合适的。

职业流程规划：特别是针对经济与管理类专业，比如财务会计仿真实验室等，学生在职场上接触的并非具体的产品，而是各种各样的报告、账单、凭证等文档。他们技术的应用不在于操作机器进行产品生产，而在于运用思维处理各类情况。这些文件或事务都根据预定的流程在不同的工作环节进行处理。这种模拟实验室是按照实际操作流程来设定的。

总的来看，"教学做合一"教学模式的重要性表现在有效地把理论教学和实践操作相结合，打破了传统教科书的系统性，将过往的课程和对应的实训项目综合成教学单元。如此完善的教学模式可以使理论学习和实践操作紧密结合，极大地提高了教学时间和设备的利用率，使教学内容更具专业性和针对性，并凸显了职业教育的特色。正是由于"教学做合一"教学模式具有这些优点，这个方案的实施对高职学院实验室建设提出了更高的要求。

第五节　课程改革与高职院校实验室建设
——以项目化课程教学改革为例

对于高等职业教育机构，跟随科技发展的步伐并满足社会对于专业技术人才的需求，采用项目式课程的教学改革不仅是教学革新的必要步骤，也是教学模式转变的标志。这种变化的核心在于提高学生的各种能力，重点在于职业实践，其

目的是打造一个全新的课程体系。与之同步，随着新课程体系的构建，高职院校需要推出符合学生个性化发展的专项课程，以便他们在工作环境中通过团队合作解决问题，并掌握工作所需的专业知识和技巧。另外，项目式课程改革还要求我们将真实的职场环境和工作流程融入教育中，因此，要创设一种模拟真实职业环境的教学环境，并相应建立全模拟实验室。目前，高等职业院校实验室主要是围绕课程教学设置的，实训项目的设计大部分是为了验证理论知识，这导致项目的布置相当分散，缺乏全局设计观念。因此，按照项目式课程教学改革的要求，高职院校需要对现有的实验室进行改造或新建设施。

一、项目化课程改革的内涵

在高职教育领域，项目指代一种内容相对独立，有明确工作任务的模块，其目标是制造一个实物，同一产品不仅尺寸标准、材质明确、具备特定功能，还要符合质量要求。项目化课程改革讲求提升学生的职业技能，即搭建一个与工作需求相对应的专业和课程结构，这是建立在整体工作任务和工作结构基础之上的。课程实操和推行要做到理论和实践知识相结合，职业技术和职业态度、感情相融汇。工作项目或者说实操项目就是实现以上"学以致用"的关键所在，每一个项目或模块也可以被视作一个实践学习任务。项目课程的逻辑基石，是使项目工作流程系统化。项目课程的重心在于学生的主观认知建构，并且注重进程知识的掌握，实现以逻辑流程为纲的实验室设置，并且保持动态更新。因此，项目课程、项目设置和课程内容展示都需按照实际工作流程展开，并以此为蓝本搭建系统。高职院校开设项目课程时，要兼顾学习规律与工作规律，使学生的学习思维和行动反应相结合，并实现教学目标与教学环境的统一。经验证实，项目课程不仅保持高职教育的基本特质，展现其独特性，还同步国情，作为一种新型的高等职业教育课程模式，它明确了我国高职教育课程模式改革的进展趋势，是一种值得我们深入研究、探索并广泛推广的课程模式。

二、项目化课程具备的实践性特点

（一）学习内容的真实完整性

围绕实际工作项目的教学模式，学生通过完整的现实项目进行学习和实践。这种教学方式直接展示了不同专业的实际操作环境，极具操作性。学生的学习旅程从了解项目背景开始，深入探究完成项目所需的条件，解决项目推进中遇到的困难，直到项目的成功完成。在完成一个项目后，学生可以体验到生产的全过程，并在技能和态度上得到全面提升。

（二）理论学习和工作实践紧密结合

教学模式以完成项目任务为目的，以任务为主线就是项目化的教学形式。这个形式主张在实践操作中学习，在学习过程中实践，理论知识和实际应用密不可分，这样解决实际工作中的问题才能得心应手。这种方式不仅体现了理论知识在实践中具有重要的指引地位，更能提高学生学习的积极性，使他们认识到学习的必要性。项目任务使学生的行动力和实践思考得到训练，不仅能提升他们的实践技能，更能让他们知晓如何更有效地操作，进而提升他们的智力和技术实力，对提高学生的实践技能大有帮助。

（三）职业技能和职业态度同步训练

项目化的课程学习方式能使企业的职业环境在学习中得以充分体现，这有利于建立"教学工厂"模式并有助于学生综合职业能力的培养。通过生产环境的严格标准驱动学生的行为规范，以操作的严谨性培训学生，通过生产团队完成任务的高密度协作来提高学生的责任意识，通过生产成果的优劣对企业经济负担和效益的影响来培养学生的敬业精神。

（四）合作学习和独立工作相结合

在项目化教学模式下，一队多人需要齐心协力来完成一项任务。以制订和执行项目计划为例，这是集体商议和行动的结果。在这个过程中，不仅需要有一致的指引，同时需要每个学生的协助。此外，项目的各项任务分配下来，每个学生都要独立完成自己的任务，并与团队其他学生在工作进展的每个阶段保持紧密的沟通和配合。当学生们成功完成一个项目任务后，他们的能力必将得到提升，同时增强了集体荣誉感和团队精神。

（五）师生互动，教学相长

教师与业界技术专家通过紧锣密鼓合作产出的项目课程设计，能够充分展现企业最新的制造技术、管理观念及产品设计理念。教师在此过程中所获得的专业课程知识及技能具备鲜明的时代印记和实践意义。教师持续地参与到项目课程设计中，能源源不断地获得新知识，有利于专业课程的创新演变和教学手段的进步。在项目化课程中，教师的主要角色是组织并引领学生学习，学生则是学习过程的核心参与者。在项目任务的推动下，学生的积极性将大大提升，他们会提出各种各样的问题，通过团体探讨和实证研究，学生的创新思维会被激发出来，这极大地丰富了教师的教学素材。

三、项目化教学对高职院校实验室建设的要求

以项目为主导的课程教学需要尽其所能在实际职业环境中开展，因此，为实现项目教学的平台——高职院校实验室建设将与传统的学科实验和实践教学存在很大差别。

（一）不仅要确保实践技能的培训，也要兼顾理论学习的需求

高职院校实验室是专门进行职业技能教育及技术训练的场所，必须在实践中弄清楚许多理论问题，如此才能实现"边做边学""边学边做"，从而达到"理论与实践相结合"的境地。因此，高职院校实验室的环境必须适应理论学习的要求，否则，理论与实践相结合无法实现，从而导致课程学习和实践操作无法有效结合。

（二）既是实训场所，也是理论课堂

理想的高职院校实验室不仅能实行动手实践，也能完成课堂上的教学任务；既可以实现个别练习，同时也可以集中解答问题、进行点评。因此，培训设施既包括实际使用设备，也包括黑板和直尺等教学器材；不仅可供动手操作，也可绘制设计，同时配备必要的桌椅及投影仪等设备。

（三）既是操作间，又是维修间

实验室在高职院校中是用来进行操作训练的场所，不可避免的是在这个过程中会产生损耗。而在教学和工作实践过程中，设备和仪器的维护与修理则是不可或缺的环节。所以，除了熟练掌握设备操作外，学生还需要理解并掌握如何维护和修理设备，认识其重要性，并通过深入理解操作的含义进行技术革新和科学研究。

（四）既是课堂，也是资料室

技巧性训练依赖于理论基础，学习理论不局限于课堂，课堂教授的知识只占一小部分。大量的知识需通过查询资料库获取，很多知识无须记住，只需知道如何搜索和应用即可。因此，理想的高职院校实验室应该配备相关的专业参考书籍、期刊、报纸，以便教师和学生查阅最新的科技研究趋势。

（五）不仅是实践性教学设施，同时也是开放式网络平台

高职学院实验室建设的一个重要方向就是营造生产型实验室，学生可以进行实际的生产操作，这将有力地推动理论与实践相结合。在生产工作之外，学生可以利用开放的网络平台学习理论知识和查找参考资料，并与指导教师进行交流，

消除疑惑，从而达到提升实验和实训效果的目的。

（六）既可实际训练，也能仿真模拟操作

因为短时间内教育教学资源会比较紧缺，所有学生的实战训练需求无法被实际工位满足，选择仿真训练是一个十分经济且有效的方法，这种方式以及其与实际工作相结合的教学方法正在被大量职业学校采用。

四、满足项目化教学的高职院校实验室建设措施

（一）推进高职院校实验室的内涵

对高等职业技术学院而言，实验室的建设包含如项目型和开放型实践教育结构，"双师型"团队，以及教材的开发等所有方面。高职院校有必要对现有课程体系进行革新，强化课程改革中的职业能力，打破既定课程设置方式，根据典范职务过程提出项目型课程，重组课程资源。以高职院校实验室为基准，编制项目化的优良课程和教材，挖掘并利用好实验室这一平台的功能，打造出具有独特性的专业培养计划和课程体系，深度整合专业知识、能力、素养。以高职院校实验室为基地，校外实习场所作为补充，按照行业发展要求，坚持高职就业指向的教育方向，坚守理论适度领先、技能与行业同步的课程设立标准，坚持理论课与实践课相结合的教学策略，打造出能满足企业实际需求的项目化、开放型实践教学体系与完整的评价评估体系。

（二）建设开放式网络平台

信息科技的进步推动了教育教学新的变革，开源网络平台逐渐成为改革的一个趋势。职业教育因设备和师资短缺面临挑战，开源网络教学平台有助于解决这些矛盾，提升教学品质。高职院校应该积极推广网络辅教课程，鼓励创新精品课程及特色的开源网络教学体系，降低教学成本，将高职院校实验室与网络平台建设相融合，模拟与实际操作相结合，统筹课堂与课后学习，从而显著提升项目课程的教学效果。

（三）开发生产性实验室

实验室的生产性是构建高等职业院校自力更生系统的决定性因素。有了生产性的实验室，高等职业院校就具备自我调节和补充的能力，进而加强实验室硬件设施和技术研发，更有效地配合项目化教学，推动实验室的健康发展，而不是单纯地依赖投入和寻求补充。高职院校可以将企业的生产任务作为项目化课程的具体项目，让学生在实验室既获得学习又参与生产，为实验室带来新的市场活力。

一般而言，建设高职院校实验室的关键是提供尽可能真实的环境，以支持校内外的教学和技能训练，满足高素质技术人才的培养需求。遗憾的是，大部分高职院校的实验和实践设备严重不足，理论教学和实践训练间的联系并不紧密，无法提供适应项目化教学的环境，亦无法进行生产性的实践训练。因此，实施项目化课程改革可以促使学校合理地使用并增加现有的实践资源，特别是推动学校内外的生产性实践基地、实践基地和实习基地建设，以建立内外一致、保障力量强大的实验和实践训练体系。

第六节 多元化实验室建设的思考

高职院校实验室的最大化利用离不开多元化形式。实验室若多元化，不仅可以推动学生各项能力的增强，同时能够提升教师的专业技术水平；对实验室本身的发展也是有益的；不仅能加强学校与企业的联系，也有助于学生找工作。这是一种高职院校应该深入研究的建设模式。

高职院校多功能实验室，通过教育、产业、研发、管理和培训等多元化方式，能够有效地发挥其潜能并推动自身发展，从而积极地为高职教育的高技能人才培养提供坚实的保障。

一、利用高职院校实验室开展理论教学

目前，众多高职院校正力推实践教学的优化，并积极针对"项目式""任务驱动式"及"教学实践一体化"等教学方式进行研究，这些以理论与实践相结合为特色的教学方法拉近了理论与实践的距离，使得理论与实践教学更深度地交融和相互渗透。以应用化学技术专业为例，过去的四大基础化学教学一般是首先讲解理论，之后通过实验来确认理论的正确性。若将四大基础化学的教学内容进行整合，剔除冗余的理论教学，将理论课程和实验课程合二为一，也就是将四门原本独立的理论课程和四门实验课程整合成"理论实践相统一"的"基础化学"，那么，大部分教学时间将会在实验室度过。在高职院校实验室中开展理论教学，这意味着将过去"先学理论知识再动手做实验，学生随着理论知识的引导而前进"转变为"先做实验探索，再进行理论总结，学生成为知识的探索者和发现者"。因此，高职院校实验室不仅是学生实践操作的场所，也是学生学习理论知识的地方。

二、利用高职院校实验室进行产品生产

在最近一段时间里，高职院校更多地重视生产实践的价值。此类实践模式借

由学校与企业的协作，参与到企业的制造过程和产品开发中，将日常课堂实训融入企业的产业链，从"被动接受"向"主动参与"实训模式转变，充分发挥学校的人才储备和教育资源优势，结合企业的实际需要，使学生与企业密切交流，达成双方共赢，这就是生产实践的基本内涵和核心价值。通过生产实践，学生可以在真实的生产环境下完成学习和实训任务，掌握全套的操作技术，培养实践能力和创新精神。同时，教师也可以在参与技术研发和提供技术服务中展现高职教育服务社会的特色。高职院校借助学校与企业的合作进行生产实践，学生进行实训操作和产品制作，参加企业的技术研发和产品改良，强调生产实践的专业性，保证实训和真实企业制作的一致性，重视理论教学与技能培训相结合，培养学生的创新能力。这种生产实践不仅为学生的技能创造提供机会，也为学校带来了切实的经济回报。

（一）利用实验室进行生产的形式多样化

首先是商品的加工，这属于接料加工的一部分；其次是商品的检查，也就是对商品的各类技术指标进行审查，并提供检查结果，这被视为技术服务；最后是商品的生产，就是将科研成果进行实际应用或采取其他手段寻找有市场前景的商品并开始制造。

（二）利用实验室进行生产，可充分利用实验室资源

许多院校实验室设备种类齐全，但如果只用于学生的实验课就不能得到充分的使用，这显然是对资源的一种浪费。如果高职院校能使实验室走向产业化，创建自己的主力产品，既可以保障学生的实验需求，又能实现持续的产品生产，这样就能使实验室资源得到有效利用。

（三）利用实验室进行生产，可促进其自身建设与发展

制造和运营能产出一定的经济收益，如一些取得了相当成就的专科学院，在这个项目中的产出和盈利都非常显著。因此，这些学院可以投入资金来升级实验室设备、扩大其规模，进而为实验室的稳健发展提供资金支持。

（四）实行实验室生产，将有利于为教师及学生提供实践操作的环境

实验室已经具备相应的生产规模，全面采用商业模式进行操作，为教师和学生提供了一个极佳的实践环境。这使教师和学生在学校内部就能够获得到企业实习的机会，有助于打造教学和业务技能兼备的教师队伍以及提升学生职业技能。

三、利用高职院校实验室开展技术研究

利用高职院校实验室开展技术研究，可在以下几方面下功夫。

（一）借助高质量设备的优越性

科研实验室可以在设备种类、设备数量、设备的先进水平以及操作设备的人员等诸多方面，为科研的无阻碍开展提供有力保障。

（二）利用良好的人员优势开展科研

在高等职业学院中，有许多理论基础扎实且敢于实践的教师，由于科研环境优越，他们在技术创新和新产品开发等领域有巨大的潜力。

（三）开展纵向与横向科研课题研究

实验室充分利用与商业伙伴的合作优势进行科研课题研究，涵盖纵向和横向的研究。这同样能够为地方经济做出重大贡献，如培养人才和提供技术支持等。实验室也希望在新的技术和工艺的研究、发展、推广和应用等环节，转变为中小企业的技术支持实验室，逐渐建立一个研发中心。

四、利用高职院校实验室学习企业管理

在高职院校实验室里，操作人员需要掌握以下企业管理知识。

（一）实验室的设备管理

在实验室的长期资本中，实验室拥有许多器械和设备，这些都是开展教育教学、技能评价和培训、科研和产品生产等多项任务必不可少的条件。在整个设备的寿命周期，即从采购到接收，再到使用，甚至到废弃，实验室一直秉承着恒定的领导力、分级管理、协同使用和责任制管理。实验室需要强调对计划、采购、技术和经济的管理，以便设备管理任务能够实现项目化、系统化、规范化、科学化和信息化，使设备在整个使用过程中发挥出最大价值。

（二）实验室的生产管理

坚守不间断提供服务和长期产品的理念，严格服从工厂化的管理体系。实验室操作人员需正确穿着工作服，准时上班，设备启动前要进行核查，严格遵守工艺规定操作，落实国家环保政策等。在学生受益于实验室的企业环境和企业化的管理限制下，培养学生良好的职业道德；通过思想、组织、制度和环境的建设，关注学生的实训目的、实训态度和实训纪律等，努力培养"准职业人"。

（三）实验室的质量管理

实验室学习使学生能够有充足的机会接触与企业产品质量管理相关的深度知识，这不仅培养了他们的产品质量意识，也对他们的职业责任和道德品质产生了积极影响。在实验室研究企业产品质量管理过程中，他们可以深刻理解"全人员、全过程、全方位"的全面质量管理理念，同时能熟悉并掌握公司的GB/T 19000—2000及ISO 9000系列质量标准体系。

五、利用高职院校实验室进行人员培训

以下原因证明了人员培训的所有类型应该在高职院校实验室里进行。

（一）培训是联结行业和企业的纽带

在实施校企合作的过程中，除了将制度作为保障外，还需寻找适合两者融合的节点，如培训即是一个示例。学校提供企业人员培训，这既是为企业提供直接服务的一种方式，也是一条直通道。对于高职院校而言，这样的培训是保持客户稳定性的一种途径。对于企业来说，将高职院校纳入人力资源发展的整体计划中，可以大幅提升员工能力，最大限度地开发人力资源，并有效降低企业自身的培训成本。

（二）培训有利于高职院校办学方针的完善

确定正确的方向对于高职院校的发展至关重要，需要根据行业和地方的经济发展需求而设定。培训不仅能增加职业教育的教学深度，也能提供高职院校发展的更广阔可能性。

（三）培训对资源在高职院校的优化配置中扮演关键角色

高等职业院校应充分利用市场原理，开放式办学并与企业达成合作，最大化地优化各种资源的配置，以提升资源利用率。例如，通过在寒暑假期间开设各种培训课程，全面利用实验室设备和人力资源，以期达到最高的效益。与此同时，也可以把因课程调整而赋闲的教师配置到培训岗位，进一步优化教师资源分布。

第四章　高职院校实验室仪器设备管理

第一节　仪器设备管理制度

高职院校实验室是仪器设备最集中的地方，也是为大学生的培养、学术研究及为社会做出贡献的根本设施和必需条件，同时，它还是衡量大学规模和硬件实力的关键标准之一。随着我国科学和教育改革政策的日益深入，高职院校实验室设备不仅在数量上显著增长，质量也相应提高。

国家制定高职院校仪器设备管理制度，各高职院校也在国家制度的框架下，结合自身情况，制定了本校的仪器设备管理制度。从各高职院校的条例和规定可以看出，各高职院校是在实际操作和尝试的基础上，学习了企业管理中的"流程管理"理念和"全生命周期管理"思想，并在"互联网+"的催动下，打造了从项目的立项、购置、招采、设备验收、设备登记、使用监管、收益评估到剩余价值处理的仪器设备全周期管理模式。这种模式可以有效地推动高职院校仪器设备管理的标准化，提高设备的使用率，同时有效应对学校设备数量的迅猛增长所带来的管理挑战。现在，国内的高等职业学校仪器设备由专门的管理机构，进行统一管理。根据职能，存在诸如财产和实验室管理处、实验室和设备管理处、财产管理处、装备部等不同的机构名称。绝大多数高职院校都有本校的仪器设备管理制度和办法，内容包括总则、组织管理、预算管理、采购管理、财务管理、验收管理、处置管理、监督管理等几大块。

仪器设备管理办法中的管理制度的架构类似，不同的条款和细节是根据学校实际情况制定的。仪器设备是国有资产，必须按照国家和教育部关于国有资产管理的相关制度执行；同时仪器设备又是一种教学、科研的重要资源，要充分发挥仪器设备的作用，从人才培养出发，服务教学，服务科研，这就需要仪器设备的管理者因地制宜，不断完善仪器设备的管理规定。对于实验室来说，学校的仪器设备管理办法是上位法则，高职院校可以根据上层领导部门的规定制定自己的管理办法，实验室工作人员也可以在学校仪器设备的管理框架下制定适合本实验室的管理办法。个别高职院校为了实现更精细化的管理，会对仪器设备管理中的某个方面单独制定管理制度,如采购、验收、处置等环节。

第二节 仪器设备管理措施

仪器设备管理措施大多基于流程管理的理念,建立一套完善的仪器设备管理规章制度,能够实现仪器设备日常管理工作流程的规范化、仪器设备管理岗位责任的明确化、仪器设备管理方式的科学化。在遵循国家和教育部所有规定的同时,各高职院校也应根据本校的实际情况,仔细审查其设备和器材管理流程,并逐步提升设备和器材的数字化管理水平。同时,需要制定相应的规则和实施细节,培养有专业能力的设备管理团队,进而实现设备和器材全程管理的目标。

第三节 仪器设备管理考核

仪器设备考核主要是学校管理部门从设备完好率、利用率、对教学科研支撑保障效果等方面对单位的设备使用效益进行年度考核,考核结果被纳入单位年终考核结果,并作为下一年度仪器设备配置的重要依据。下面笔者对西南交通大学大型仪器设备考核进行介绍。

依据《西南交通大学大型仪器设备效益考核指标体系》,全校的大型仪器设备的年度使用效益绩效考评由大型仪器设备开放共享工作领导小组组织。西南交通大学通过实施绩效考核制度,对大型仪器设备的开放共享情况进行监管。效益评价工作与学院年度考核、人才年度考核工作相结合。年度校内大规模设备和仪器的开放共享程度(以机时数为测量单位)将上报给学校领导,并成为决定学校后续投资的关键参考因素之一。

学院建立了大型设备设施公共测试基金,该基金的核心应用为:①共享设备的维护维修补贴;②针对在校用户的测试费用补偿;③分享优秀工作团队和个体的奖励。

针对大型设备使用不够高效、开放利用不理想以及效益考核未达标的科室,学校会予以警示、公示并要求在规定期限内进行改善。视状况决定是否暂停科室申请维修购置基金,以及在申请科技项目(专项、基金)时禁止购买仪器设备。对于那些具有高通用性但使用频次较低、开放共享程度有待提高的大型设备,学校会选择无偿内部转让或直接调配。

凡属学校固定资产的大型仪器设备,一律不得带出校外,需要在校外使用的必须经部门负责人审核同意后,报资产与实验室管理处批准。对于擅自将学校大型设备设施租赁、带出或用于谋取私利、偏袒违规的行为,将由监察部门进行调查并采取问责措施;若涉及违法情况,则由司法机构接手处理。

第五章　高职院校实验室安全与环境管理

第一节　实验室安全与环境管理概述

在高等职业教育机构中，科研实验一般在定制的环境里进行，融合了跨领域与跨学科的行动。该过程需要物理、化学等诸多领域的元素，其中涉及的对象类型多样，且流动性大，因此安全隐患较多，稍有疏忽就可能引发安全问题。一旦实验室发生安全事故，除了会带来经济损失和影响实验室正常运转外，还会危及相关人员的生命安全，这对于教师、学生、员工及其家庭产生重大影响，甚至可能使核心技术泄露。过去数年，实验室的安全事故屡见不鲜，对科研人员和学习者造成了很大的威胁，财产和身体伤害的损失更是难以想象。因此，实验室安全问题须得到大家的重视，并在实验过程中做到高标准、严要求。

实验室内的安全事故通常由各种不稳定因素所触发。很多实验室环境都存在种类繁多的化学药品、工具以及微生物，这些元素在某种程度上构成了火灾与爆炸的潜在风险。因此，对实验室内的安全问题，高职院校必须足够重视，以防止安全事故的发生。例如，火灾主要源于电力使用不当；爆炸风险常常源于操作程序错误而引燃易燃物质；放射性同位素的辐射能够引发人体内脏或机体的病变；传染病毒和细菌对环境和健康也造成了巨大的威胁；人们在高温机电仪器实验室中，由于操作失误容易导致人身伤害；有毒的化学试验液体溅出或使用不当能够危害人体健康；如果无法正确处理有毒有害化学和生物废弃物，则会导致环境污染。

教学和科研实验活动的安全与环境管理，需要仔细探究每个参与环节和元素，分析造成不安全的物资状态和行为，并给予教师、学生和员工保障和安全的实验手段，以及防止严重实验室事故发生的预防技巧和知识。实验室安全管理的主要目的是维护实验室人员的健康和安全，以及预防环境受到污染。安全管理应树立"人本管理、安全优先、预防为主、综合治理"的理念，加强教师和学生的安全教育，提升安全防范意识，加强管理体系建设，以保证实验室的安全运作为目标设立实验室安全管理准则,旨在为教学和科研实验提供一个安全的环境。

第二节 实验室安全与环境管理的特性

实验室在高职院校担负着培训人才和激发科技革新的重要职责,通过它可以窥见学校的教研能力和教育水平,因此它是展示学校教学实力的重要象征。在高等职业院校实验室中,密集分布着各类仪器设备,其中有些实验结果不可预知,有些实验则需使用可能带有危害的物质,因此其安全隐患不容小觑。而且实验室工作人员各具特点,流动性又强,他们接受的安全教育程度和对设备的了解掌握程度各不相同,一不小心就可能因错误操作引发安全事故。实验室工作人员可能对实验室中的潜在危险缺乏充分认识,防护意识不足;实验室的管理者对实验室内的安全风险可能管理不到位,导致重要位置没有设置自动报警设备;仪器设备可能存在缺陷,实验室也可能存在电气和通风的安全隐患,这些都会引发事故。因此,高职院校必须严格遵循高等职业教育机构实验室安全工作的规则和原则,对教学和科研实验活动中可能引发安全问题的所有因素、所有环节进行系统全面的设计和建设,以达到实验室安全管理系统的最佳配置。一般来说,实验室安全与环境管理具有四个特点。①预防性:防患于未然,事先做好充分的准备工作,做到预防为主。②长期性:有实验活动就有安全问题,安全警钟要长鸣,不能只是初期重视,时间一长就把实验室安全抛之脑后。③科学性:要在实验过程中善意找寻规律,排查安全薄弱点。④广泛性:实验室安全涉及面广,需要实验室所有人员的共同参与,否则不可能做好实验室安全工作。

第三节 实验室安全与环境管理现状

近年来,无论是从投入资金的力度还是构建规模的增大来看,高职学院实验室建设都有所加强,对于实验室资源公开共享的需求越来越高。然而,实验室使用人数的增长和人员流动的加强,也使实验室安全问题日益严重。尽管绝大多数高职院校实验室在硬件和软件设备以及配置上都有所升级和提高,但是在新建或扩建实验室过程中,往往过于注重教学和科研需求而忽视了安全建设的重要性。一些实验室在面对如水、电、火等常见的安全问题时应急设备不足,还有实验室甚至缺乏必要的消防栓等应对重大安全事故的设备。虽然部分高职院校对实验室的安全和环境管理有所加强,但相比于实验室建设的投入,安全建设的投入仍然过于缺乏,这给实验室的安全建设和管理带来了诸多问题。具体而言,存在如下几类问题。

一、经费投入不足，安全防护设施缺乏

近年来，大量的高等职业院校增加了对实验室建设的经费投入，实验室设备的数量和品质有了显著提升，实验室的环境也得以改善。然而，真正投入用于实验室安全管理的资金却极为短缺，不仅对实验室安全保护需要的设施设备严重不足，甚至存在缺失现象，这极大地增加了安全风险。同时，有的高职院校实验室经由一般用房改造而成，功能设计上存在先天不足，尤其是上下水、防火、喷淋、废弃物回收等基础设施。

二、安全意识淡薄，安全教育未成体系

各级教育主管部门历来高度重视安全工作，经常发布文件要求做好包括实验室安全在内的各方面安全工作，高职院校职能部门也采取多种方式检查实验室安全并督促整改安全隐患。但一些院系领导或实验室负责人对实验室安全工作缺乏重视，口号虽响却未在日常工作中加以落实。经常在实验室工作和学习的师生，往往安全意识薄弱，松懈和麻木的思想开始表现出来，并对各种安全规定视而不见，在实验中经常出现简单化、违规操作以及无人监管等情况。这都可能引发安全事故，甚至存在隐瞒事故的现象。另外，高职院校实验室安全教育似乎并未形成一个完整的系统，教育方法相对过时且重视程度不足，还未取得实验室安全教育应有的效果。

三、安全检查、监督机制、规章制度执行与落实不力

各高职院校根据自身特点，建立了实验室安全自查和检查制度，开展实验室安全报告、安全自查，全校范围定期普查和专项检查。但是由于重视程不够、管理机制松散及经费匮乏等原因，在具体制度落实、监督检查方面出现不到位的情况，有的问题检查发现后未得到及时有效的整改，有的问题整改过后一段时间又死灰复燃，未形成长效机制。

四、安全管理体制不顺，存在责权不明问题

根据自身的办学特点、发展状况及管理架构等因素，各高职院校对实验室安全实行各种各样的管理模式。部分高职院校设立了安全工作委员会，由学校领导出任主席，成员由相关职能部门担任；部分高职院校将实验室安全交由学校实验室管理部门负责管理；部分高职院校由实验教学管理部门与科研管理部门根据教学实验室、科研实验室进行分类管理；部分高职院校成立了专门的实验室技术安全机构或者科室对实验室安全进行管理；部分高职院校将实验室安全工作纳入已有机构的职责范畴。然而，实验室安全工作涉及房屋、水电、设备仪器、消防、

治安、保密、防护等多个领域和大量职能部门,如果学校高层缺少统一且有效的管理,一旦实验室安全问题发生,必然会触及多个部门,导致协作交流不畅。总的来说,高职院校实验室安全工作管理机制不健全,不利于实验室安全工作的顺利开展。

五、安全信息化工作建设滞后

资金不足以支持安全信息化,因此高职院校实验室建设过程中遇到了许多困难。这些困难涵盖了信息化平台管理的划分,平台之间的连通问题,实验室信息化平台的专业技术问题,以及包括与平台建设相关的管理模式、管理内容和管理流程的问题。

第四节 实验室常见安全事故

实验环境中的安全性总是受到爆炸、火灾、毒物、烫伤、切伤和电击等潜在威胁。虽然人们知晓某些化学品具有高度的燃烧和爆炸风险,甚至是有害的,但由于人们每天都接触这些物质,他们对安全的认识往往很模糊。由于操作人员的不当操作或疏忽,可能导致安全事故;由于设备或各种管线的磨损导致的设施问题;一些由于无法避免的自然事件导致的自然灾害。爆炸事故主要是由于人员违反操作指南点燃易燃物,或者易燃和易爆物品泄漏,接触火源引发爆炸。

现在实验室发生安全事故主要归结于两个原因:首先,实验人员对于实验环境中能量的识别不够,这导致他们在实验过程中个人防护措施不足,并且对操作规则的遵守度不高,例如,存放和处理各类危险化学物品和废弃物的方式不规范,同时,对操作失误的处理显得迟缓等;其次,实验室的管理人员对于实验室内的能量管理不尽如人意,导致在实验室关键位置未安装自动监测报警系统,实验设备存在缺陷,电路及通风系统都存在隐患,并且缺乏必要的应急预案等。具体而言讲,实验室常见安全事故原因有以下几种。

一、水电事故

(1)水管过时,暖气系统和水龙头关闭不畅或破损而导致的水漏和溢出问题。
(2)电缆老旧、设备保养不良等因素引发的电击、电流泄漏事件。
(3)实验设备操作不当导致的触电等意外事件。

二、火灾、爆炸事故

(1)电器在实验室内短路导致的火灾和爆炸事故。

（2）误用压力容器和气体钢瓶等设备导致的火灾和爆炸事故。
（3）易燃和易爆物品的泄漏导致的火灾和爆炸事故。
（4）化学实验中因操作不当引发的火灾和爆炸事故。
（5）违规使用电炉、乱扔烟头等引发的火灾和爆炸事故。

三、化学性污染事故

（1）实验操作不当，使腐蚀性物质、强氧化剂、强还原剂等接触皮肤导致的烧伤、灼伤事故。
（2）因为没能按照实验指南的提示使用保护眼镜，导致眼睛受到刺激性气体的侵袭，尤其是强酸、强碱等化学物质进入眼睛内部。
（3）接触、摄入有毒化学物质等引起的人员中毒事故。
（4）危险化学品或废弃物泄漏事故等。

四、机械性伤害事故

（1）实验人员因被机床的旋转部分或移动部分吸入或卡住而引发的伤害事故。
（2）实验人员被切削工具割伤事故。
（3）机械设备等造成的烫伤、砸伤、碰伤等伤害事故影响到实验人员。

五、一般性病原微生物污染事故

因实验人员操作不当，导致病原微生物与实验人员眼睛、皮肤或其他物品等接触，存在潜在的危险。

第五节　实验室防火防爆安全

一、防火防爆的基本措施

各类型实验室都有各种级别的爆炸和燃烧的危险性。为了保证教学和研究任务顺利完成，对于那些具有燃爆风险的物品，必须进行严格管理，并采用相应的安全保护技术，以防火灾或爆炸事故的发生。若不幸发生事故，实验人员需要采取一切措施减轻其危害和损失。一般来说，为防止火灾和爆炸事故，可采取预防、控制、灭火和疏散人员等几种措施。

要防火防爆，最首要的手段就是避免形成易燃易爆体系。

特别是在处理爆炸事故时，一旦爆炸发生，其速度之快，几乎毫无挽救的余地。因此，针对这种灾难，实验人员的主要任务是采取预防措施，这是唯一可行的策略。预防措施主要有两种：一种是控制易燃物和助燃物；另一种是消除点火源。

（一）控制易燃物和助燃物

1. 控制易燃易爆物质的用量

只要实验室条件允许，应当减少或免除使用有害化学物质，特别是在选择有机溶剂时，优先考虑选用不易燃或者爆炸风险较低的某种物质来替换易燃的化学物质。大部分有机溶剂沸点都很低，正常环境下就能挥发转化为气体。当这些气体在空气中扩散，达到爆炸极限浓度时，如果遇到火源，火灾或爆炸事故就不可避免。相比之下，沸点高的物质则不容易挥发。通常来说，当液体的沸点超过110℃，在常温下（18~20℃）也不会达到爆炸浓度。

例如二氯甲烷、三氯甲烷、四氯化碳等甲烷类的氯化衍生物，以及三氯乙烯等乙烯类的氯化衍生物，在空气中无法燃烧，因此，用它们作为溶剂更加安全。当处理油脂、油漆、沥青、橡胶等物质时，可以用四氯化碳来替代苯、汽油、丙酮等易燃液体。由于苯既易燃易爆，毒性又高，实验室应禁止用苯作为溶剂。

当不得不用易燃液体作为溶剂时，要严格控制使用量，使用后剩余的一定要存放在安全区域。

2. 加强密闭

在实验室中严禁使用易燃物品，特别是化学品，这不容易做到。实验室处理易燃气体、液体和粉尘时，应增强对容器和管道的密封性管理，阻止此类物质外泄或进入容器成为潜在的爆炸物。绝不许用受损或有孔的容器盛装易燃物。那些大型且未安装防护装置的玻璃容器不应储存易燃液体，无法承受压力的容器不允许装入压缩气体和加压液体。

钢瓶中充入的压缩气体或液化气体一旦泄漏，会导致严重的后果。因此，实验人员要定期仔细检查阀门、管道及其连接部分，使用之后必须立即封闭阀门，防止出现突发事故。

3. 加强通风

尽管已将存储设备严密封合，但是无法确保设备中的气体、蒸气或尘埃不向室内泄漏。在这种情况下，要做的防护工作应是提高室内的通风和排气，从而阻挡可燃物在室内达到爆炸浓度的积累。出于安全的考虑，实验人员应该通过通风来使空气中可燃物的浓度降至或与爆炸下限的 1/4 相等。对于那些易燃且有毒的物质，实验人员应避免长期接触导致中毒，所以，它们的浓度应被保持在最高可接受浓度之下。通常毒性物质的最高可接受浓度远低于爆炸下限，因此，只需将浓度控制在这个区间，就可以防止爆炸发生。

4. 充入惰性气体

爆炸性混合物中充入惰性气体可以有效减小爆炸极限范围和火焰的扩散，惰性气体防火防爆的作用在于降低空气中的氧气含量。当氧气含量达到一定低水平时，燃烧将不再继续，且点燃的火焰也会熄灭。因此，惰性气体在防火、防爆及灭火应用中得到广泛使用。以下是常见的一些使用惰性气体的场景。

（1）在粉碎、研磨、筛选、混合以及粉末物料的传输过程中，充入惰性气体以对易燃物质进行保护。

（2）在处理流程中，为保护可燃气体混合物，可以充入惰性气体。

（3）当意外发生，危险物质从设备中射出时，注入大量的惰性气体以对其进行稀释。

（4）在启动或停止检查有爆炸风险的实验时，需要利用惰性气体对可燃可爆物质进行清理或替换。

氮气、二氧化碳、水汽、烟道气都是人们日常生活中会遇到的惰性气体。在使用烟道气的过程中，我们必须剔除其中的杂质，将其冷却，并且排除火星，通常也需要在开始使用前对其进行深入分析，对其中的氧气和可燃气体的含量进行严格控制，例如，氧的含量必须保证在2%以下。

（二）消除点火源

关键的防火防爆手段之一就是妥善地管理和清除点火源。明火、摩擦和撞击、过热的表面、自我发热、保温压缩、电火星、静电火花、光、热、射线等都是主要点火源。

1. 管理好明火及高温表面

燃烧有许多种，比如气焰焊接、气流切割的火势、火花，用于加温的煤气灯，以及点着的火柴、烟卷等都被归入这一类别。

（1）如果需要温升可燃液体，应尽力避免用火源直接加热，可以选用超热水蒸气、封闭型电炉或者其他类似载体加热的装置。若必须用火，需要确保设备的密闭性和室内通风良好。

（2）绝不允许在容易起火或者爆炸的风险区域内使用蜡烛、火柴和一般白炽灯进行照明。照明设备应根据防火防爆的要求进行相应等级的选择。

当烟蒂燃烧时，其表面温度可达200～300℃，而在实验室条件下，甚至达700～800℃，这个温度远超过许多材料的燃点。这种情况下，如果与易燃物接触就会引发火灾，无论是国内还是国外，都有大量的实例可以证明这种情况。所以，在处理、储存、运输和使用易燃易爆化学危险物品时，严禁吸烟或带有火柴、打火机等可能成为点火源的物品。

电热板、电炉、烘箱、马弗炉等实验室用品置于木制工作台时，实验人员一定要使用防火材料做垫子,煤气灯使用后,必须立即关闭。

2. 避免摩擦和冲击

摩擦可以引发高温甚至产生火花,常常作为易燃易爆物品的点火源。特别是在存在粉尘和纤维的环境中,火灾数量较多。用于测定爆炸物的感度是利用摩擦和撞击的方式实行的。因此,对于含有易燃易爆物品的环境要避免摩擦和冲击行为。

(1)容易发生摩擦和冲击起火。

通常有以下几种情况:

由于摩擦产生的热量,机器的轴承等旋转部分引发火灾。

如果金属部件或其他物体落入设备如粉碎机或提升机,与设备内部的部件碰撞可能会引发火灾。

磨床与砂轮的摩擦,或者钢铁工具之间以及与混凝土地面的碰撞,都可能引发火灾。

当管线或者铁质的储罐破裂时,里面的液体或者气体会因为喷射产生的摩擦而引发火灾。

(2)采取预防因摩擦或碰撞引发火灾的手段。

确保机器轴承的旋转组件得到适当的润滑。部分生成摩擦的机械元件,比如搅拌器和风扇,其轴承应使用黄铜轴和塑料风扇。

在有易燃易爆物的环境中,尽可能避免使用由铁质制成的工具。锤子、扳手及风扇叶片的制造材料应选择铜铝合金、镀锡合金或其他不易在碰撞中引发火花的物质。

粉碎机等应安装磁铁分离器。

对于运输气体或液体的管路,应定期进行压力耐受测试,以防其因破损或接头松动而喷涌出来引发火灾。

禁止将金属容器在地面上随意抛投或拖行,最好在容易被撞击的部分覆盖不会产生火花的材料。

(3)防止电气火花。

电力学原理揭示,电火花通常产生于实验室的电气设备上,尤其是产生于开关路漏电、接触问题、短路和灯泡破碎等问题所引起的瞬时放电的场合。实验室通常使用的电气设备是低电压的,所以短路和灯泡破碎易产生电火花。虽然产生的能量微乎其微,但足以点燃可燃性气体、蒸汽和爆炸性粉末。防止电火花在普通电气设备上生成是很困难的,因此,实验室应选择适合各种防爆电气设备,特别是在具有爆炸风险的地方,这是由物质危险性决定的。需要特别指出的是,常规的电冰箱并无防爆性能,所以不宜存放苯、乙醚等易燃溶剂。

二、实验室消防措施

（一）灭火的基本方法

所有的灭火手段都是在打破燃烧三要素中的任何一项的基础上进行的。其主要策略包括以下几种。

1. 隔离法

通过采取"扼杀在萌芽"的策略，需将火源位置或周边的可燃物体转移或隔离。如果燃烧场所没有燃烧元素，火情会自然地消失。因此在火灾发生之后，应迅速将火源周围的能燃、易燃、助燃以及送火的气体、液体隔离，关闭通往火源的可燃气体、液体的闸门等，必要时，切断火源与建筑物的连接，以达到阻止燃烧扩散的目的。

2. 冷却法

一种方法是将灭火剂直接喷向正在燃烧的物体，其目的是将其温度下降至燃点以下，阻止燃烧；另一种方法是将灭火剂喷在火源附近的可燃物上，这样可以降低其温度，防止热辐射触发新的火源。灭火主要依赖冷却技术，水和二氧化碳灭火剂是最常用且有效的冷却介质。

3. 窒息法

通常，人们借由切断空气进入燃烧区或使用不燃物稀释空气，以阻止燃料获取足够氧气从而扑灭火源。因此，一系列的应对措施纷繁多变，如使用石棉毯、湿麻袋、湿棉被、泡沫、黄沙等难燃或不易燃材料覆盖燃烧物；采用水蒸气或二氧化碳等惰性气体充斥设备；当船舱、房间或设备发生火灾时，可以选择封闭门窗和关闭阀门，以阻止新鲜空气流入。然而，遇到炸药火灾时，实验人员避免使用沙土覆盖，防止阻断气体的排放，否则会加重爆炸的破坏程度。

（二）灭火剂的种类和选用

目前，除了水以外，还广泛使用各种灭火剂，如泡沫、二氧化碳、不同类型的干粉和惰性气体等，它们一般都通过各种灭火设备或工具来分散或者喷射。每种灭火剂都有其适用的环境，若是选用错误的灭火剂，就会造成火势逆向蔓延。所以实验人员应根据物体燃烧性质和火源变化来挑选最适合的灭火剂。选取灭火剂的主要标准包括：强大的灭火能力，操作简单，来源普遍，价格低廉，对人和物基本无害等。

三、实验室安全疏散设施

设备确保安全撤离，涵盖了安全途径如撤离门、通道、楼梯，以及应急灯光和烟雾排出设备等。《建筑设计防火规范》对于这类安全撤离设备的设计标准有明确规定。一般来说,实验室中应至少设有两条安全通道(除非特殊情况),而通道和楼梯的宽度则需根据建筑最大人员容量在紧急状态下能快速离开场所来决定。这些设备必须持续畅通,禁止随意放置物品,尤其是易燃易爆物质。撤离门应朝撤离方向开启,不应采用吊门或侧拉门,更不能使用回转门,必须保证任何时候都可以在内部推动把手开门,且门绝不可锁上。撤离门上也不要设置门槛。

为防止发生意外时,灯光突然熄灭干扰人员疏散,人流较大的地点、地下设施等人员疏散通道和楼梯上都需要安装紧急照明和安全疏散指示,照明设备应有专用的电源供电。

此外,建筑中的烟道需要定期维护,以确保其完整和稳定,不能改动或作为他用。

当火灾发生时,除了扑救火灾外,还要统筹火场的人员和资产进行撤离,尽可能降低损失并阻止火势进一步。在执行撤离任务时,以下几点需要特别注意。

(1)那些有可能引发火焰蔓延、存在炸裂风险的物品,如油桶、装满气体的瓶子以及其他可燃、易爆炸和有害物质需要被清除。

(2)优先安排重要和有价值的物品撤离,如文件资料、高端设备、珍稀艺术品等。

(3)确保消防人员的通行路径得到即时清理,以便消防人员能够顺利地穿行。

(4)如果房间里有遇水即燃的物品,必须先将它们清空再用水灭火。

(5)靠近火源的人数要有所控制,撤离的物资必须放在火势的上风位置,并且由专门人员负责管理。不能将撤离的物品堆积在通道上,以免妨碍消防工作。

第六节　化学危险品安全管理

随着社会科学技术的不断发展,化学品的生产与使用已逐渐深入人们的日常生活,特别是在各高职院校实验工作和教学中起到了重要作用。然而,化学危险品本身的特性使其在生产、管理、储备、搬运、应用和处理环节,都充满了风险因素,如果没有进行适当处理,火灾、爆炸、中毒、环境污染等各类安全事故就有可能发生。近年来,高职院校实验室的安全事故频繁发生,对人类的生命保障和生存环境造成了巨大的威胁,引发了社会的广泛关注。因此,加强对化学危险品的安全管理刻不容缓。本节从化学危险品的概述、安全管理、防护、事故应急措施等方面介绍化学危险品安全管理的相关知识。

一、化学危险品

（一）化学危险品的定义

《危险化学品安全管理条例》第三节，即关于危险化学品的安全管理规定是关于那些拥有毒性、腐蚀性、爆炸性、可燃性、助燃性等属性，并且对人体健康、设备设施及环境具有潜在危害的高毒化学物质和其他化学产品的描述和指引。

（二）化学危险品的分类

根据《化学品分类和危害性公示　通则》（GB 13690—2009）里的分类方法，化学危险物质可划分为八大类别：爆炸物；压缩气体和液化气体；易燃液体；易燃固体、自燃物和水敏物；氧化剂和有机过氧化物；有毒物质；放射性物质；腐蚀物质。

（三）化学危险品的危害

根据《化学品分类和危害性公示　通则》（GB 13690—2009），所有的危害按照其对物理、健康及环境的潜在风险可划分为三种主要类型：理化危险、健康危险、环境危险。

1. 理化危险

理化危险具有爆炸性、腐蚀性、易燃性等特点。火灾和爆炸是常见的理化危险。实验室是科研、教学和生产的重要场所，也是火灾和爆炸最易发生的地方。近年来，因化学品使用不当等导致的高职院校实验室火灾和爆炸事故接二连三。因此，了解化学品的理化危险，采取安全防范措施，对防止事故发生有重要意义。

2. 健康危险

化学物质从轻度的皮肤炎症，到癌症等严重疾病给人们的身体健康带来严重危害，其中最常见的就是人体中毒。化学危险品对人体产生的中毒分为急性、亚急性和慢性。轻则使人产生刺激反应、过敏，重则致人缺氧、昏迷甚至死亡。因此，了解化学品的健康危险，对于加强化学品管理，减少甚至防止化学品对人体造成伤害是十分必要的。

3. 环境危险

环境危险是指化学危险品排放到环境中，对土壤、大气和水体等产生的危害，破坏了生态平衡系统，使环境状况日益恶化。最常见的是废弃危险化学品排放至水体中，造成水污染、空气污染及居民用水困难等严重后果。因此，深刻认识化学品的环境危险，有助于加强环境保护力度，解决影响人们生活的重大环境问题。

二、化学危险品安全管理

（一）化学危险品的申购与运输

高职院校必须明确指定一个专门的管理部门来负责危险化学品的集中采购（包括购买、存储运输、供应等活动），禁止各相关部门自行采购。学校内的各关联部门需根据需要向实质资产处提交"危险化学品采购申请表"，剧毒试剂需要递交"剧毒化学品采购申请表"，易制毒物品需提交"易制毒化学品采购申请表"，通过审核后，由安全处备份，再由专门的管理部门对口按照批准的数量执行采购和供应任务。危险化学品的转运需要依据相关的法律法规进行，严格遵循专车专用和专人陪同负责的原则，任务完成后立即执行移交、检验和入库等程序。运载危险化学品的车辆和容器，在使用结束后必须彻底清洁和消毒。

1. 化学危险品的申购

为了保障化学危险物品的安全性，高职院校应遵从国家的监管，实行化学危险物品和通常的化学危险物品的分级购买。

（1）经过院校领导的许可，由学院选派的负责人可以到获得正规授权的化学危险品销售公司购入非政府控制的化学危险品。

（2）购买受到国家监督的有害化学品，要遵循公安部门制定的申购审核程序。院校必须先向物资和实验室管理部门呈交购买申请，提交"危险化学品采购申请表"。对于高度危险的化学试剂，必须书面提交"极度有毒化学品采购申请表"，如果是可能产生毒品的化学品还需要提交"易制毒化学品采购申请表"。核批通过后，安全维护部门需要进行备案，并呈交地方公安部门审批。审批通过后，由财务实务部门指派专人根据批准的购买量进行集中采购，同时应依照国家相应规定办理购买手续，并到指定场所进行购买及运输的管理。

2. 化学危险品的运输

对于化学危险品的搬运，高职院校必须遵守国家对此类商品运输的相关规定。

（1）在处理化学危险物品的运输过程中，须进行当心且精心的操作，认真防止出现震动、冲击、摩擦、超重或倾斜等情况；对于气瓶的装运，一定要紧固瓶盖，缓和地加载和卸载，避免产生撞击。

（2）化学物品性质冲突者，严禁混合装载运输。

（3）禁止将易燃物质、脂肪或油脂污染的物体与氧气瓶及强力氧化剂一同装载运输。

（4）必须事前对存储危险物品的器具进行严格审查，并确认其安全性，才能投入使用。

（5）易燃、易爆、有毒的化学危险品，必须使用具有专门许可证的车辆运输。

（6）当搬运危险物品时，车辆应依照规定挂装相应的警告标牌，严格禁止在车内抽烟与玩火。

（7）在搬运危险物品过程中，应配备适当的消防和保护设施；在夏秋两季搬运此类物品时，应采取遮阳和防潮等保障安全的行动。

针对化学危险品，高职院校禁止个人在使用公共交通设施时携带。

（二）化学危险品的贮存与保管

学校建有学校级别和院系级别的化学危险品贮存仓库，对化学危险品实施层次化的管理。学校级仓库负责贮存和保管剧毒类化学品以及其他被国家管制的化学危险品，而院系级仓库则负责贮存在本单位采购的化学危险品和正在使用或即将使用的国家管制的化学危险品。

贮存和保管化学危险品必须遵守国家相关规定，同时由专门人员负责管理。

实验室贮存、保管一般原则如下：

（1）制定对应的化学危险品贮存及管理的规定和制度，实施安全责任制。

（2）为实现化学危险品的贮存安全，我们设有专门（或兼职）的库房管理员，且这些管理员都必须接受公安部门的在职训练，并具备必需的资格认证。

（3）凡是新购入的化学危险品，库房保管员务必依照采购计划和合同要求进行严格检验，然后立即进行仓库贮存。

（4）当危险的爆炸物和有毒的化工产品进出仓库时，安排两位工作人员在场进行严密的审查和确认，并完成入库和出库的登记任务。

（5）在化学危险品贮存区及其30米周边区域严禁使用任何烟火。进入该贮存区的人员必须上交身上所有可能引发火花的物品，尽可能消除引发火灾的风险。

（6）贮存化学危险品的仓库须配备恰当的火灾防护设备、警报系统和安全保护设施。

（7）坚决禁止将性质相冲突或消除火源方式不一样的化学危险品混合存放。

（8）对于那些其蒸气有害或与空气混合易于导致爆炸的物质，务必确保瓶子密封，置于阴冷的地方，并且注意保持良好的通风。

（9）绝不允许把可能引发木质燃烧的物品（比如过氯酸等）直接置于木制架子上。

（10）强烈禁止把易燃、冻裂或者在阳光下变质的化学危险物质放置在户外。

（11）绝不允许把装有易燃或自燃气体的气罐、油质物品或沾有油污的物体和氧气罐混放。

（12）贮存压缩气体的钢瓶需要周期性地进行技术检测。

（13）在夏季，贮存易燃和易爆材料的库房必须采取防暑降温措施。

（14）爆破物和高毒化学物质须存放在安全柜内，并严格执行"两人两把锁"的储存方式。

（15）一切含危险化学物质的罐子都必须有明确的标志或标签，这说明包含物及其危害性，并进行适当的贮存和管理。

（16）对于压缩气体的贮存需要严格约束，像一些氢气、有毒或者易燃易爆气体应分开存放，并且与工作区分离，确保恰当的通风条件，严禁靠近火源，如有需要应设置气体泄漏的报警设备。对于气瓶、阀门和调节器、压力表等相关设备，应使它们保持完整无损，且在检验有效期限内，颜色和钢印标志应清晰可见。

（17）必须按照地区的规定标准贮存强毒物品。组织需要设立贮存台账，采购存入的物品要立即并准确地记录下来，要保证每半年检查一次物品贮存情况并向安全办汇报，保证书面与物品、台账相一致。

（18）化学危害品的贮存应该定期进行审查，预防其腐败、自燃或引发爆炸的风险。同时，对于已经发生变质或过期的炸药、焰火制品以及需要废弃的爆炸物，一定要向有资质的机构申报并提交，以便他们进行有效地回收和处理。

（19）一旦察觉化学危险品遗失或被窃，务必立刻向上级领导和安保部门汇报。

（三）化学危险品的领用

管理实验室和设备的部门根据采购计划购买了国家监管的化学危险品，并及时告知了相关学院。学院随后派两名工作人员前往学校的化学危险品仓库，完成必要的手续，然后一并取走这些危险品。

学院必须确保在日常管理中严格控制化学危险品的使用，并针对化学危险品做出适当的领用、使用规定。化学危险品的使用记录需保持清晰可追踪状态，以确保化学危险品的安全使用。

（1）学校必须派出两名精通化学危险品的专业人员，负责领取和分发爆炸物和高毒性化学物品，并严格登记记录。

（2）使用危险化学品的机构和个体应对其使用的化学危险品的特性有充分的理解和认识，并提供合适的安全使用指南。在使用之前，需要制订详细的实验计划和紧急应对措施，并严格按照相关的操作规则去执行。

（3）必须有专门的工作人员负责在实验室根据实验的需求领取化学危险品。

（4）需在实验室使用爆炸物、有毒化学物质时，须一并清楚记录其用处，并仅领取最小必要量。实验室负责人签署同意之后，需要两人一同前往院级化学有害物品仓库，完成相应的领用记录登记之后才能取走。

（5）各种不能混合的有害化学物品必须有序分类贮存，以防它们之间的互动引发危害。各使用部门必须遵照领取多少使用多少的原则，禁止过度贮存有害化学物品。如实验室所领取的易爆品或高毒化学物品有剩余或当日未能完全使用，必须马上归还至学院级别的化学有害品仓库，严禁使用者私自保管。

（6）当学生操作化学危险物质时，教师需要详细指导他们如何安全操作，并执行必要的安全防护步骤。

（7）对所有剧毒化学品的使用，相关单位必须详细记录，记录内容必须涵盖用品时间、使用位置、使用人员以及使用数量等信息。

（8）严禁对国家管理的危险化学品进行转手或借出。

（9）一旦察觉危险化学品失踪或者被窃，实验室负责人必须马上通知高层管理人员和有关部门。

三、化学危险品防护措施

为了减小化学危险品的各类危害，人们不但要了解化学危险品本身，严格遵守化学危险品从申购、运输到贮存、安全使用的各项规定，还应采取其他有效的防护措施。

（一）绿色化学

在当下社会中，"环保思维"受到了广泛的推崇，化学实验领域同样如此，一直秉持"绿色化学"思想，核心理念是利用化学理念，尽最大可能在源头上减轻或者消除有害物质对人类健康和环境的损害。这类在实验室中操作的绿色化学可以从两个视角去考虑。

（1）尽可能降低有害及有毒物质的使用频率，借助无毒或低毒物质来替换高毒及有毒物质的实验用途，达到减缓人们接触有害物质的目的。

（2）改良试验工艺和线路，尽量采用自动化、密闭化和连续化的实验路径。

（二）通风排毒

所有毒害性化学危险品的使用都应处于一个良好的通风环境中，因此，通风处理是实验室安全设置中不可忽视的一个环节。实验室除保持良好的自然通风外，还须配有机械排风，以此保证实验室环境中的有毒物质浓度在正常范围内，保持空气新鲜。机械排风包括局部机械排风和全室机械排风。

（三）个人防护和个人卫生习惯

1. 个人防护

进入实验室接触具有毒性、腐蚀性、放射性等化学危险品的实验人员，须佩戴一些个人防护用品以确保安全，如防护服、口罩、防毒面具、防护手套、防化眼镜等，佩戴此类防护用品可以隔离、杜绝和过滤有毒物质，对人体起到一定的保护作用。

2. 个人卫生习惯

在化学危险品的实验过程中，保持良好的卫生习惯也是一大防护措施。

实验人员进入实验室要听从安排，必要时统一穿上实验服。实验室内禁止吃饭、饮水和吸烟，防止有害物质通过口腔、消化道、皮肤等部位进入体内，对人体造成不同程度的伤害。长期从事危险性化学工作的相关人员还须定期进行体检。

（四）化学危险品相关安全管理制度

1. 建立安全教育制度

实验室参与者需获得实验室负责人的许可，通过安全训练、培养，并要求完成必要的评估，以掌握基本的实验技巧和安全知识。只有在学校登记后，方能参加相关的实验操作。严格执行安全保护措施，遵守安全规则和操作规定，谨慎小心行事。

2. 实验期间严禁人员脱岗

实验室必须满足相应的操作规程才能进行夜间、热化、低温、压力以及带有毒性的高风险实验，具体应以国家、地方和行业的相关规定和标准为首要执行标准。

3. 建立健全的化学危险品相关实验室安全管理制度

层层落实安全防护工作，做到责任到人，细化到每个化学实验室、每个大型化学实验仪器设备、每种化学药品（特别是化学危险品）都有明确的负责单位和负责人。

4. 应配备全面的安全防护设施及其使用说明

实验室应配备必要的安全防护设施，以便及时处理化学危险品使用过程中出现的各类安全事故，减少人员伤害和财产损失。

第七节　实验室危险废弃物管理

一、实验室危险废弃物

(一)危险废弃物的定义

根据《国家危险废物名录》的定义，危险废弃物为具有下列情形之一的固体废物和液态废物。

(1)表现出腐蚀、有毒、易燃、易反应或感染等单个或多个危险特质的。

(2)存在潜在的风险特性，可能对生态环境或者人类健康造成不良后果，需要以危险废物的方式进行处理。

(二)实验室危险废弃物的分类

(1)毒性化学垃圾：极度毒性的化学物质以及未知物、高风险的化学物质、与危险化学物品接触过的垃圾；产生伤害的有毒废气或废液。

(2)生物危险废弃物：实验动物尸体、肢体和组织；生物感染性废弃材料；其他生物危险废弃液。

(3)电离辐射有害废物：这种废物包含放射来源、放射设备以及受到放射性污染的物体等，均具有放射性特性。

(4)其他危险废弃物。

二、实验室危险废弃物的收集与存放

由于独特的危险性质，危险废弃物会对人体健康造成巨大伤害，所以，包含被这些废物污染的实验器材在内的实验室废弃物，不宜与生活垃圾或其他普通废物混合存放。具体到化学危险废弃物、放射性废弃物、实验动物尸体等，是严格禁止混集、保存或处理的。实验室决不允许将实验室废弃物随意倒置、堆积、抛弃或遗忘。

(1)应由特定人员在实验室对废弃实验物品进行整理、分类、记录及搬运。

(2)实验室需保障危险废弃物的临时贮存设备与场所安全，随时保持良好的通风条件，避免与火源接触，抵挡高温、直射阳光与雨水影响；对于临时存放的危险废弃物，要严格管理，确保其在适当的条件下贮存，并及时安排运出；通

常，实验室走廊等公共区域禁止存放危险废弃物。

（3）对于旧的试剂瓶和其他固体有害废弃物，实验室应实行分类处理，同时需要确保试剂瓶内部没有任何剩余。

（4）必须先将固体垃圾、瓶装废品以及常规化学物质用专门的塑料袋进行收集，然后放入储藏箱内统一保存，储藏箱须贴上标签并做好对应的记录。

（5）实验室需要按照安全性质以及液体、固体、尖锐物品等种类，以专门的储物箱收集和贮存有害的化学废弃物。所有这些用于贮存有害化学废弃物的箱子都应当在显眼的位置附上学校统一发放的专用标签，并提供必要的信息。

（6）常规有机废液、含卤有机废液以及无机废液这三类危险化学废液应各自分类后单独贮存；任何可能产生异常反应（如剧烈放热、释放有毒气体等）的危险化学废弃物，均禁止与其他物质混合；它们的灭火方式若有冲突，则不得混放；符合易燃易爆标准的化学废弃物需要根据规定单独收集，并进行安全贮存。

（7）实验室应该识别化学废液主要分为有机废液与无机废液两类。处理这些废液之前，需弄清楚它们的来源，并单独收集与贮存。废液的来源与特性如若不明确，绝对禁止任意混合。此外，废液的存放器需要清楚地贴上标签。

（8）对于来自生物实验的废弃物，实验室必须进行适当的灭活处理以保证其生物安全，然后才可以贮存和处理。

（9）任何接触过有害生物、化学毒素以及放射性物质的实验动物遗体、部分组织等，实验室必须使用专门的塑料袋封装好，然后贮存在专用的冰箱或冰柜内冷冻保管，务必做好相关记录。

（10）动物尸体、肢体和组织，如果曾被有害生物、化学毒素和放射性物质污染并用于实验，实验室需要先将它们做消毒和杀菌处理使其转化为废弃物，然后使密封在特制的塑料袋中，贴上有害生物废弃物的标志，再放在专用的冷藏室或冷藏箱中冷冻保存，并对此进行适当的记录备案。

（11）那些被消毒和灭菌的其他生物废弃物，务必确保处理完无任何危险后再如同常规废弃物一样处理；对于无法接受此类处理的废弃物，实验室可用专用的塑料袋区别收集，标志为有毒生物废弃物，并放在指定的冷藏柜或冰箱中冷冻保存，同时要做好对应的记录。

（12）按照国家的相关规定，实验室应妥善分类、记录并标记放射性废弃物、废弃液体和放射装置，其中包含类型、核素名称等信息。

（13）针对弃置的放射性物质，须采取单独存储的措施，并且按照国家环保部门的密封收集规定来执行，然后做好封闭和隔离处理。存放的地点需要设置明显的辐射警告标志，并且必须采取防火及防盗措施，由专业人员负责管理。

（14）实验室危险废弃物应及时清理，禁止长期或超期贮存。

三、实验室危险废弃物的处理

（1）所有二级部门和实验室必须根据实验中产生的有害废气的性质、产量及环保准则制定并执行相应的处理办法，只有当确认其有害物质浓度达到或者低于国家规定的安全排放水平，才可将其排放到大气中。

（2）具有相应资质的机构可以对实验室的危险废弃物进行合理处理。

（3）在具有治理危险废弃物能力的机构接手之前，实验室须实施有力策略，避免废弃物拓展、流失、泄漏或者引发交叉污染。

（4）实验室处理危险废弃物的移交过程中，必须有关联人员在场，并确保完成交接记录，编制危险废弃物移交表格，该记录需提交给相关单位以备案。

（5）如果环保机构经过监测并确证短半衰期的放射性废弃物未能达到释放控制的程度，那它们可以像其他常规废弃物一样得到妥善处置。

（6）环保部门委托的专业人士对液体放射性废弃物固化处理后可妥善处置。

（7）实验室负责人决不允许把实验室的废弃化工物品、被污染的地方、建筑、设备、工具等，交给没有污染处理资质的机构或个人；严禁抛弃或排放有毒有害固体废弃物和液体废弃物等。

第八节　实验室应急情况处理

高职院校应该强化实验室的安全监管，以增强风险应对及预防意外的能力。当发生意外时，高职院校须迅速、有效、有序地开展紧急救援和后续调查及应对，以防范和降低突发灾害带来的损失。唯有如此，才能确保教师、学生和员工的生命财产安全，并保证教学活动的正常进行。

一、事故预防、预警及事故发生后的响应

（一）预防与预警

考虑到实验室的专业性质和可能存在的安全威胁，本书将实验室安全事故分为常规事故、化学安全事故、辐射安全突发事件和生物安全突发事件。常规事故的范围包括实验室发生的火灾、爆炸、化学品污染、机械电子伤害、设备故障以及压力容器事故等。师生在进入实验室工作之前必须接受安全培训，同时，从事危险化学品处理和管理的工作人员需要持有安全生产监督管理局颁发的危险化学品培训合格证，负责辐射工作的人员则须持有对应的培训合格证。实验室遵循"使用者负责，管理者负责"准则，以确保实验室的安全责任得以实行。

（二）实验室安全事故发生后的响应

在转入紧急模式以后，依据事故的发展情况和现场救援进行情况，所有应急救援的参与机构会按照各自的角色和职责开展救援活动。紧急应对的常规流程包含以下四个阶段。

1. 接警与响应

一旦实验室发生安全事故，在场人员应立即采取紧急应对措施，并尽可能在确保己方安全的前提下进行自救和相互协助。在场人员必须马上将事故详情汇报给部门（院系）的安全负责人、保卫部门、设备管理部门，由设备管理部门再将情况告知学校办公室，并视情况决定是否启动应急预案。

2. 应急救援

一旦应急预案被激活，负责指导的人员、紧急救援团队和必要资源应尽快就位，不断更新事故情况，保证信息流畅，并迅速向相关部门报告。

相关人员立即亲临现场进行紧急恢复和把控事故，采取建立警戒线、疏导人群等应急处理措施，尽可能减小事故造成的损失，其中包括现场救助、医疗援助以及人员撤出和疏散。

3. 应急恢复

在情况被掌控，人员被救助之后，解除警戒，结束后期处理与事件的调查，包括清扫现场、处理污染物质、安顿人员赔偿、保险赔偿及物资征用的补偿等待等工作。

4. 总结评审

原单位须就事故发生的原因进行深入钻研，撰写文字概述，切实汲取教训，提升预警能力。完成事件处理后的10个工作日之内，原单位须向校方领导和有关监管部门提交封案报告。封案报告应包括事故发生的基本状况、原因、紧急应对过程中各阶段所采取的主导措施及其效果、处理过程中出现的问题以及整改情况，并针对未来类似事件的预防和处理提出建议。

针对各类实验室安全事故，高职院校已经制定了常规事故和化学安全事故的专项应急预案，还特别针对生物安全突发事件和辐射安全突发事件制定了专项预案。在紧急情况下，高职院校可以启动相关的专项预案，来引导事故现场的应急处理和详细的处置方案。

二、部分安全事故专项应急措施

（一）火灾

1. 火灾应对措施

（1）当察觉到火灾时，现场人员须在火势尚未蔓延时立即使用附近的消防设备对火势积极压制，同时采取如切断电源、关闭煤气阀门、快速移动危险物品等必要的防护措施以阻止火焰的蔓延，必须尽快通知实验室的安全主管、保卫部门以及设备部门。

（2）确定火灾发生的位置，查明火势扩大的原因，比如压缩气体、液态气体、易燃液体、易燃物质、自燃物质等。

（3）确定火灾所在的环境，识别可能存在的主要危险源以及可能产生的连带灾害。

（4）实验室人员需要了解防灾的标准步骤，并且行动起来，在紧要关头，根据预定的处置步骤选择最佳的消防器械进行扑救。对于木材、织物、纸张、橡胶及塑料等燃烧性强的固态物质的火源，可以借助水来进行冷却处理。然而，对于一些价值较高的书本和档案资料的火源，实验室人员应选用二氧化碳、卤素烷或者干粉型灭火器进行灭火。对于那些易燃液态、气态的物质以及脂肪等化学制品类的火源，实验室人员需要使用大量的泡沫灭火剂或干粉灭火剂进行灭火。如果是电器设备起火，实验室人员必须在切断供电之后，再进行扑救。如果出于现场环境或其他因素导致无法及时切断供电，必须在接电状态下灭火，实验室人员应该选择使用沙子或干粉灭火器，禁止使用泡沫灭火器或水。对于可燃性金属，比如镁、钠、钾及其合金等火源，实验室人员应使用专门的灭火设备，比如干砂或干粉灭火器等进行灭火。

根据可能发生的化学品事故的类型和威胁等级，划分危险区域，并对事故发生地的周边区域进行隔离和引导。

根据火势情况，实验室人员应立即拨打119进行报警救援。在报警过程中，详细说明火灾发生的位置，燃烧物品的类型和数量，火势的状况，提供报警者的姓名和电话等信息，并在明显的地点引导消防车路线。

2.烧伤（物理烧伤）急救处理

（1）应对物理性烧伤的基础准则包括去除热源、扑灭火源以及自救和相互救助。当烧伤发生的时候，最正确的处理方案是用冷水对烧伤部位进行冲洗，或者让受伤者自行在邻近的水中进行浸泡，阻止烧伤面积的进一步扩大。

（2）当衣物起火时，伤者应迅速除去衣物并用水扑灭火源，或者就地翻滚以求扑灭火源。在寒冬穿着棉质衣物的情况下，即使明火被扑灭，可能仍有潜在燃烧危险，如果衣物产生烟雾，伤者应立刻脱去衣物或者剪掉冒烟部分，以防持续烧伤。如果人身起火，伤者必须保持冷静，切勿惊恐逃跑，否则会助长火势，也不应立刻大叫，避免呼吸道受伤。

（3）实验室人员对烧伤进行初步处理，然后把伤者立刻送到附近的医院接受进一步治疗。

（二）爆炸

若现场发生爆炸，在场人员应采取以下措施：

（1）在实验室爆炸发生的瞬间，在实验室管理人员或安全员认定其为安全状态后，必须马上切断电源并且封闭管线阀门，紧急转移可能再次引发爆炸的物品。

（2）保持场地的整齐，协调人员利用安全通道或者采取其他方式，尽快从爆炸地点撤出。

（3）负责应对突发事件的领导小组需要负责组织救援行动和人员的互助，必须及时通报相关的部门对于突发事件的具体信息，并根据具体情况拨打119、120等紧急热线，对伤者进行急救处理。

（三）中毒

如果实验人员出现了诸如喉咙疼痛、唇部褪色或发青，以及胃部抽搐或感到恶心并呕吐等症状，这是中毒的表现。中毒人员在采取相应的急救措施后，应立刻前往医院接受治疗，切忌拖延。

（1）首先把中毒人员搬移到安全区域，松开他们的领口，确保他们呼吸顺畅，让他们吸入新鲜的空气。

（2）对于不小心服食了毒品的实验人员，立刻进行催吐、胃部冲洗和导泻。只有中毒人员保持清醒且配合时，才能饮用大量的开水来引发呕吐，也可以通过药物来刺激呕吐。如果催吐效果不佳或者中毒人员失去意识，应马上送到医院用胃管进行洗胃。孕妇要谨慎地使用催吐的救援方式。

（3）实验人员在重金属盐中毒之后，应该立即服用包含数克 $MgSO_4$ 的溶液，随后迅速去医院救治。与此同时，应避免使用让自身产生恶心反应的药，因为这会增大危险性且使病情进一步恶化。若是砷和汞化合物造成的中毒，紧急求医则是必需的。

（4）一旦有人因吸取刺激性气体而中毒，应尽速离开现场，通过雾化方式吸入 2%～5% 的碳酸氢钠溶液和氧气。如果中毒人员出现气管痉挛的症状，可根据具体情况雾化使用解痉药品。

通常，紧急响应人员应配备过滤型防毒面具、抗毒服饰、防化手套及防化靴等设备。

（四）触电

（1）对于电击的急救，其核心理念是立即在现场采取积极的救助手段，以确保被电击人员的生命安全。

（2）当面对电击伤的紧急救援时，最重要的是尽量迅速地使被电击人员与电

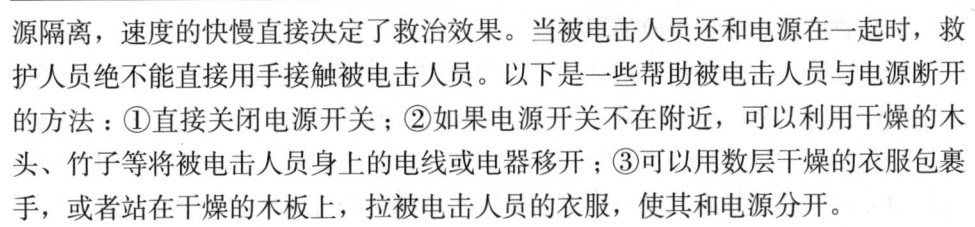

源隔离，速度的快慢直接决定了救治效果。当被电击人员还和电源在一起时，救护人员绝不能直接用手接触被电击人员。以下是一些帮助被电击人员与电源断开的方法：①直接关闭电源开关；②如果电源开关不在附近，可以利用干燥的木头、竹子等将被电击人员身上的电线或电器移开；③可以用数层干燥的衣服包裹手，或者站在干燥的木板上，拉被电击人员的衣服，使其和电源分开。

（3）在被电击人员与电源隔离后，要根据他们的意识状况进行不同处理。如果他们意识清醒，应让他们平躺在地，保持密切观察，暂时不让他们站立或移动；如果他们处于意识模糊状态，应让他们平躺并将脖子垫高，以确保他们的呼吸道畅通。每隔5秒就呼唤被电击人员或轻轻拍打他们的肩膀，以确认他们是还有知觉。严禁晃动被电击人员的头部来唤醒他们。

（4）对被电击人员的呼吸和心跳进行检查，一旦出现呼吸停止或心跳丧失的状况，立刻进行人工呼吸或采取心脏复苏措施，并尽快联络医务人员尽早救治。

（五）灼伤

化学灼伤应急处理预案如下。

（1）在遭受由强酸、强碱或其他一些化学物质引发的强烈刺激和侵蚀性化学灼伤事故时，救护人员必须立即从伤者身上脱下污染的衣服。接下来，应及时用大量清水冲洗被烧伤区域，然后分别用低浓度（2%～5%）的弱碱（如果是由强酸引起的）或弱酸（如果是由强碱引起的）来中和。在这个过程中，必须保持伤口干净，等待医务人员的救治。

（2）一旦眼睛不慎被液体溅中，应尽快在现场使用大量的纯净水或生理盐水进行深入冲洗。各个层面的实验室都配备了专门用于紧急情况下的眼睛冲洗器具或专业的洗眼设备。在冲洗过程中应将眼睛置于水龙头之下，水从顶部向眼底冲洗，保持冲洗15分钟，绝不能因痛感而闭合眼睛。处理完毕，伤者应立刻去眼科医院接受治疗。

（六）生物类安全事故

1.病原微生物

如果实验人员皮肤上溅到了病菌，应立刻用75%的酒精或碘伏清洁消毒，然后对其进行清洗。

一旦传染性微生物冲入眼内，伤者应立即使用生理盐水或者眼药水对眼睛进行冲洗，然后用纯净水保持冲洗15分钟，处理完毕，应立刻向医生发出求助。

若病原微生物不慎溅落在衣物、鞋帽或者实验室桌面、地板等地方，应立即用75%的酒精、碘酒、0.2%～0.5%的过氧乙酸或500～1000mg/L的活性氯消毒液等进行清洁消毒。

2. 动物源疫病传播事故处置措施

对已感染或有感染风险的动物采取隔离和安乐死措施；对养殖地点以及实验室环境，执行严格的清洁消毒、防虫和鼠患防治等策略。

一旦实验动物出现烈性传染病或是人畜共患病，实验人员必须马上根据操作流程对受病害的动物采取隔离和安乐死措施，同时进行无害化处理并及时上报有关部门。

与高级管理部门协调执行预防和控制策略，这包括进行流行病学研究，对患者采用隔离疗法，对相关成员进行医学诊断，以及对近距离接触者实施医疗监测等。

第九节　实验室安全日常管理措施

近几年，高职院校实验室建设投入逐年增加，进而使众多高职院校实验室在硬件和软件设施上有所提升和强化。然而，在创建或者扩充实验室的过程中，有些管理者往往只关注实验室在教育和研究方面的需求，而对实验室安全建设的重要性视而不见，这导致一些实验室在初始使用阶段就存在各种安全问题。

在管理方面，从各级政府及教育部门和高职院校传达下来的实验室安全工作指示，体现出国家对高职院校实验室安全的重视日益加强，但逐层分配下来后，很多工作仅仅流于形式，文件通知多，监管力度却比较薄弱。一些管理人员自身的安全意识差，对安全工作的重要性和必要性缺乏认识，责任心不强。在这样的场景里，高等职业学校的实验教学中，学生会缺乏安全意识，甚至完全不理解安全的重要性，不按照标准的方式操作设备，随便接触有害的化学危险品。不可忽视的是，这些行为会让他们处于潜在的危险环境中，因此实验室安全事故频发。

在这样的实验室安全现状下，加强实验室安全日常管理迫在眉睫。高职院校教育工作者要从日常管理工作做起，从每天的实验室安全工作着手，将安全落在实处，确保高职院校实验室的真正安全。

实验室安全日常管理工作要想落在实处，就要结合学校和不同学院的实际情况，根据不同实验室的性质进采取不同的管理方式。但总的来看，实验室的安全日常管理主要包括安全教育、安全管理和安全检查三个部分。

一、安全教育

高职院校实验室的使用主体是负责实验的教师及进行实验操作的学生，因此，对这个群体开展安全教育是十分必要的。

（一）开展强化安全教育

教育机构和高职院校有责任对师生开展安全教育研讨会、消防演习及紧急疏散培训。例如，请来实验室管理员和杰出的大学实验室管理人员，对师生开展实验室安全教育，讲授安全管理课程；特别邀请公安消防队的讲师，对师生进行应对高等职业学校特色的火灾预防、处理和逃生相关的教育训练。通过这样的演练，师生可以学到安全保护的相关知识，熟悉实验室的逃生路径，从而在面对突发事件时，能够保持冷静，积极应对，实现自我保护。在提高师生的安全防范自救能力的同时提升学院处理突发事件的综合能力。除此之外，学校管理机构还可与学校相关学生组织共同举办安全教育宣传活动，从学生群体出发，更能引起广大学生对安全教育的关注。

（二）在网上平台进行学习并参加"实验室安全教育与考试系统"活动

学校资产与实验室管理处应创建网上实验室安全教育系统，涵盖全面的实验室安全知识，供师生查阅和学习。此外，该系统还应设置安全考试系统，供师生检验自己的安全知识学习效果，便于提高大家的安全意识。

（三）编制印发实验室安全手册

高职院校应根据各学科及专业的具体特性，编制并发放实验室安全指南，要求学生深入学习，让学生在踏入实验室之前就对实验室环境有所了解，熟悉实验操作的规则和步骤，掌握来自化学药品和实验设备的特性和功能，从而在最初阶段就减小安全事故发生的可能性。

二、安全管理

高职院校实验室的安全管理要明确到人，实现逐级安全管理，确保每间实验室都有主要负责人、直接负责人，并由这些人完成实验室的日常安全管理工作。而实验室的日常安全管理主要包括水、电的管理，实验室设备管理，卫生管理。

（一）水、电的管理

实验室在运作过程中离不开水、电等基础设施，因此，管好实验室的水、电相当重要。实验室负责人应经常确保水、电等管线设施安全规范。在实验教学过程中，为避免学生发生触电等危险事故，教师还应反复强调安全并注意监督。实验教学结束后教师应检查水、电是否关好。若所在实验室存在危险设备，易造成爆炸、火灾等严重的安全事故，应在此基础上多加管理和检查，避免此类设备与水、电等的接触。

（二）实验室设备管理

大量的实验室安全事件源于设备操作失误，因此，正当标准的设备操作能显著降低因误用引发的安全风险。对于科研装置，高职院校应指派设备管理者，由其承担设备的常规保养和故障修复协调工作，建立设备的标准操作规范，同时针对使用该设备人员进行操作培训等。此外，对一些危险指数高的设备，更须加大监管力度，特别是在实验教学时，教师要对学生普及设备使用安全知识，并且时刻在场监督学生进行正确操作。

（三）卫生管理

科研活动只有在有序、整洁的实验室环境中才能顺利进行。实验室负责人应负责实验室的卫生。在实验教学过程中，教师应提醒学生注意保持实验室的整洁，教学结束后由教师进行检查，若检查不合格必须重新擦拭、整理。

三、安全检查

高职院校实验室的各级机构组织都应按照具体情况制定全面的安全管理制度，并在此基础上严格监督制度的落实情况，其中，安全检查是必不可少的监督手段。

对安全检查的项目进行合理安排和精密设计是必要的，各级机构组织必须确保检查科学、方便、有效且易于操作，要避免形式主义。高职院校实验室的管理部门和所属学院的职责是执行实验室的安全检查，这包括定期检查和临时检查。安全检查的目的不只是督促实验室人员关注安全事项，更重要的是有助于找出并解决实验室存在的安全问题，推动实验室进行改革。此外，实验室负责人还应对所负责的实验室进行每日安全检查，以便更快速、更方便、更仔细地发现实验室存在的各种细微安全隐患，并及时作出整改，排除隐患。

第六章 高职院校实验室信息化管理

信息在实验室管理的流程中是一项至关重要的资源。以往，实验室工作人员只关注员工、物品、资金、设备及管理手段五方面资源的管理，却忽视了信息管理。实则，这五项资源的管理都是基于相关的信息。现在，随着实验室走向信息化以及实验室信息管理系统的构建，实验室信息管理将进入新阶段。

第一节 实验室信息化概述

一、实验室信息化的概念

虽然实验室信息化表面看起来像是信息技术的广泛应用，但其实质在于将信息——作为信息社会的主要资源得到充分利用。因此，推动信息技术的普及只是方法，而真实的目标在于充分利用信息，实验室信息化则是达成这个目标的过程。

信息化实验室首先强调的是一个转变过程，即实验室工作人员在实验室运营与管理中，积极推进信息科技的使用以及借助信息技术加强信息资源传播、整合与再创新的过程。这个信息化实验室的概念，意味着在实验室环境中普遍应用先进的信息科技，充分挖掘和利用信息资源，构建顶尖的信息基础设施，持续提升实验室的整体水平和竞争力，加快实验室的现代化步伐，从而使信息科技在实验室建设和管理中的占比稳步增加。

二、实验室信息化管理

实验室信息化管理的中心思想是利用前沿的计算机技术、网络传输方法和多媒体工具来处理实验室的资源与事务，然后借助计算机来进行开放式管理。该模式最实质的价值在于扩大实验室在时间和空间的延伸性。除此之外，信息化管理可以提升实验室调度的管理水平和资源共享的能力，降低资源投入，并能显著减轻实验室人员的工作压力。具体优势包括：首先，计算机强大的信息处理特性

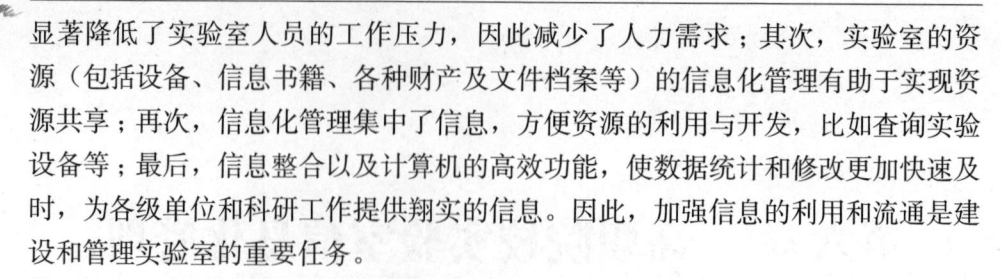

显著降低了实验室人员的工作压力,因此减少了人力需求;其次,实验室的资源(包括设备、信息书籍、各种财产及文件档案等)的信息化管理有助于实现资源共享;再次,信息化管理集中了信息,方便资源的利用与开发,比如查询实验设备等;最后,信息整合以及计算机的高效功能,使数据统计和修改更加快速及时,为各级单位和科研工作提供翔实的信息。因此,加强信息的利用和流通是建设和管理实验室的重要任务。

三、实验室信息系统的概念

信息系统在实验室中被视为一个人工系统,其构建因素包含人员、硬件设备、软件资源及具体数据。该系统的主要目标是收集、处理、保存、转发以及提供信息,以期实时且准确地对实验室中的所有活动进行管理、调度和控制。

实验室的众多活动使物流、资金流、事务流和信息流的流动都能得到体现。"物流"代表的是有形物品从申请、购买、设置到使用的全过程。"资金流"与物流同时发生,它涵盖的是金钱的迁移进程。"事务流"体现了管理工作流程,探讨验收、入库、建档、使用等涉及实验器材、耗材的步骤,以及领导在决策实验室建设时的调研、咨询、讨论等步骤。"信息流"伴随以上三种流的流动产生,既描绘也解释了其他流,还被用于获取、指明和管理其他流的行为。实验室所有的活动都会引发多样的信息流,而且各不相同的信息流都被用于控制各不相同的活动。如果几种信息流联结成一体,共同服务于类似的控制和管理目标,那就构建了信息流的网络,即信息系统。一个实验室的信息系统可能是合体化的实验室策划、管理、预见、操作系统,也可能是事务处理、战略设计、管理决议、信息服务等的群组化系统。

实验室信息系统由信息处理与信息传输两个子系统构建而成。在信息处理子系统里,处理完成的数据可以形成新颖的架构和形态,甚至创造全新的数据。例如,计算机系统可以处理输入数据并输出新形态数据。另外,信息传输系统的功能是运输信息从一个地方到另一个地方,它并不改变信息的初始内容。信息为了充分地发挥效用,需要进行广大的交流。因此,通信技术的进步对信息系统的进化产生了深远影响。在一个更广泛的意义上,信息系统的定义已经扩大到与通信系统平等的程度。在这里,"通信"的意义不只是传统地传送信息,更包括人类之间的各种交流和对话,诸如想法交换、价值观分享及文化交流等。

四、实验室信息系统的类型

根据处理目标的不同,实验室信息系统可以划分为作业信息系统和管理信息系统两大类。

（一）作业信息系统

作业信息系统的职责在于管理实验室工作，监控实验进度与提供办公支持，同时更新相关数据库。一般包括以下三个部分。

1. 业务处理系统

提高处理众多信息的精确度和速度，以及提升管理工作的效率和品质，是商务处理系统设定的目标。此外，该系统的主要功能包括计算实验数据、统计实验结果以及记录耗材的库存等。

2. 过程控制系统

过程控制系统是指利用计算机对正在运行的实验过程进行管理。例如，利用感应部件对实验数据进行监控，同时进行即时的修正。

3. 办公自动化系统

该系统是利用尖端技术和自动化的办公工具（例如文本处理器、电子邮箱、轻型印刷系统等）来辅助部分办公过程。该系统很少涉及管理模式和管理策略。

（二）管理信息系统

管理信息系统是一个人和计算机联合建立的公共结构，旨在对实验室进行全盘管理。它利用计算机技术、信息技术、管理技术及决策技术，并与现代化管理思想、策略和途径相结合，协助管理者执行管理任务并做出决定。

五、实验室信息系统和管理

实现实验室目标的主要方式是通过高效地管理人力、财力和物力等各种资源。为了达成这个目标，实验人员必须识别和理解反映这些资源的各类信息。每一个实验室管理平台首要的步骤都是获取代表各类资源的可靠数据，然后将其转化为各类统计报告、图形或曲线，使得实验人员可以利用各种资源，有效地完成实验室的建设和管理任务。因此，信息在作出精准决策的管理任务中占有重要位置，而影响决策准确性的则是信息的质量和数量。

决策构成了管理的核心，从而扩大了信息对管理的核心影响。一个实验室能否成功运营，取决于能否采取适当的策略和手段，而这些策略和手段是社会生产力发展程度的体现。当前，社会分工日益细化，问题影响因素越来越复杂化，需要迅速响应并马上做出决定，这就对信息系统的完善产生了更大的依赖。因此，对信息的需求不仅体现在数量的增加上，信息的质量——准确性、精确性和时效性也变得越发重要。传统的人工系统已经无法满足现今的信息管理需求。随着科技的发展，运气、传统方式和猜测等无效策略将被从决策过程中逐渐剔除。计算机信息系统能处理大数据，并转化为实验人员所需的信息，成为决策的参照依据。特别是运筹学和现代控制论的发展，孕育出众多先进管理理念和技巧。由于计算工作量过大，这些理念和技巧无法通过人工方式实现，只有借助电子计算机的强大计算和存储能力，才能为决策活动提供定量的指引，创造新的可能。

各种集体依赖于管理。集体是指为了实现一个共享的目标而建立的人类社群和它们之间的联系。这包括实验室、实验室的主办单位、大学、科研机构、商业公司等，它们都有特殊的形态和构成，并履行自己的特定职责。一个集体的主要管理任务包括计划、组织、领导和管理四个重要领域，其中每一个领域都需要信息系统的帮助。现在，笔者将分别探讨实验室信息系统在计划、组织、领导和管理职能方面的支持。

（一）信息系统对计划职能的支持

计划是为未来的事务进行规划和布局。实质上，实验室的各项运作都是有计划的，只是存在形式上的区别而已。非正式的计划可能导致混乱和缺失，而正规的计划不仅是行为的指导，同时也是评估最后成果的基准。管理者在计划中的角色是为实验室设定目标，制定用以实现目标的策略，并出台各种规划，使得各类工作和活动都能朝着既定的目标迈进，以达到预期效果。高级管理者的计划职责也包括设立总体策略及全局政策。计划还应提供给组织适应不断变化的环境的方法和步骤，因为政治、经济、技术等因素不断变化，需要相关机构组织对计划和策略进行即时的修正和调整。

信息系统对计划的支持包括如下几个方面。

1. 支持计划编制中的反复试算

数据为规划和执行计划提供了核心支撑。为了确保计划的实际可行性，相关机构组织必须收集和利用已经存在的和当前的数据，对其进行深度分析和研究，以预测未来的发展趋势，并且需要对计划目标进行大规模、重复的计算，从而制定多种可能的战略。在这个过程中，比较各种战略或者改动战略中特定数据可能会引起其他关联数据的变化。计算本身未必复杂，多是一些基本的算式，但它们之间的相互联结非常复杂，因此计算量庞大，常常需要提前构建一些计划模型，然后用不同的输入变量值进行反复试算。如果没有计算机的帮助，其劳动强度之大可能影响规划人员的工作积极性。

2. 支持对计划数据的快速、准确存取

要实现计划管理功能，关键在于建设与计划相关的各类数据库，主要包括：

（1）各种不同类型的定额数据库，例如，用于劳动力的定额数据库，为设备使用提供的定额数据库，物资消耗相关的定额数据库，针对资金使用的定额数据库，管理费用的定额数据库，以及测评实验能力的定额数据库等。

（2）各类计划指标数据库。

（3）各种计划表格数据库。

实验人员利用并高效使用上述各类数据库系统，可以迅速并准确地访问和储存实验室的计划数据，从而显著提升实验室的生产和运营管理系统。

3. 支持计划的基础——预测

预测的任务是对未来情况的系统性分析和预测，而计划则涉及对未来的策划和实施，以实现预期目标。尽管计划和预测是两个不同的概念，但制订计划就必须有预测作为依托。预测是帮助决策者制定精准决策、构建稳健计划的关键。

预期的边界十分宽广，涉及的预测技术也颇为丰富，如依赖个人经验的主观概率法、基于民意调查的预测法、运用类比推断的类推法、采用匿名讨论达成共识的德尔菲法，以及利用因果逻辑进行分析的因果分析法等。这些预测技术的计算复杂度较高，通常需要依赖计算机来完成计算。

4. 支持计划的优化

在规划实验室的运营策略时，相关机构组织经常要思考如何以最佳方式分配有限的资源。比如，一个实验室可能有能力开发多种产品，但各产品的单位利润可能差别很大。一般而言，每个产品的研究与开发流程需要使用不同的设备。假设现有 M 种设备，每种设备每年只能提供一定量的研发支持。在制订计划的过程中，相关机构组织常常需思考应选择开发哪些产品（选择产品的组合模式）以在设备研发能力有限的情况下，收益最大化。针对这种情况，相关机构组织可以建立数学模型，通过计算机的人机互动方式来求解。

（二）信息系统在支持组织功能和领导功能方面的作用

组织职责包括人员的组织以及工作的组织。具体来说，这包括确定管理层级、设立各个级别的组织机构、配备职员、确定职务和权利，同时明确在组织机构中各部门之间的互动关系以及协调的原则和方式。信息技术在目前阶段是对实验室组织改进非常有效的技术依据。信息技术的进步推动了实验室组织的重新设计、实验工作人员职责的再划分以及实验工作人员权利的再分配，从而进一步提高了实验的管理质量。

经典的实验室组织架构采纳了"金字塔"型的垂直和多级集中管理方法，其操作流程遵循一套几乎固定不变的标准模式。由于其任务（如教学、研究开发等）分工明确，加上信息传递和反馈手段过时，这导致其反应能力弱，管理效率低下，而且费用高昂。随着信息科技的快速发展，上述这种经典的实验室组织架构正在向扁平型的分散管理形式转化，其特性是：

（1）由于通信系统的高效完善，中间管理层在上下级命令传递系统中的重要性大大减弱，以至于没有必要再维持过多的管理层。

(2)各部门开始出现非专业性的任务划分,各实验室在部分功能上出现交融和互动,例如,研发部门有可能同时承担教学以及新技术的市场宣传等职责。

(3)计算机的普及使用极大地提高了实验室内外部门及其与外界环境的通信效率,这极大地方便了各层级和成员之间的交流,并使其能随环境改变及时作出统一、快速的整体响应和策略调整。"平面化"管理的本质在于"信息科技的发展极大地削减了组织内部信息沟通的成本",并"使决策者和执行者之间的距离缩短,最后将二者的距离缩小到归并为一"。

换句话说,全球网络的构建打破了教育和科研实验室受地理位置限制的现状,从而使其能够在全球内运作,显著减少了任务处理和协同作业费用。同时,实验室网络的建立和多媒体电脑及笔记本电脑的广泛使用,使信息传输不再局限于文字,而是向多媒体方式转变。这项变革使领导者和管理人员能吸收更多信息和知识,还会对工作流程进行重塑,以更好地协调个人与团队的合作,从而形成一个新颖的、层级较少的组织架构。这种组织架构依赖于实时的信息的灵活处理,管理工作更加取决于管理人员的协同、配合和对信息技术应用的理解。

领导者的职责在于引导和激发个人与整个组织去追求并实现设定的目标,这是一个活动流程。领导者在人际交往中必须起领头、组织和协调的作用;在决策上则须对一些如组织策略、计划、预算、人才选拔等重大问题进行思考;在信息管理上须作为信息的集结点和组织的核心,建立并保持内外的信息网络,用于信息交流,及时化解冲突和处理问题。信息系统在支撑领导功能上起着重要作用。

(三)信息系统对控制职能的支持

在每一领域的管理中,调控都面临着诸多挑战。调控的核心任务就是追踪并调整管理活动,确保计划的完成。制订计划可以视为调控的初始步骤,为了实现预期目标,执行过程必须进行持续监测和微调。管理者通常会对比实际执行状况与计划的各阶段目标,以便发现执行过程中的差异和错误。因此,为了有效执行管理的调控任务,必须持续获取反映管理状态的监控信息,以及调控所需的反馈。

随着科技的更新升级,自动化和智能化将成为更先进的控制方式。以实验流程的控制为例,信息系统有能力自我适应并监控实验的物理过程。同样,一种发展趋势是实验制造过程的控制由原来的集中型控制和管理系统转变为分散型控制以及集中操作、监视、信息处理和管理的"集散式"系统。在此类控制系统中,加入了管理设备,可以与管理信息系统(Management Information System,MIS)实现通信,并与MIS的多个子系统互动交流,从而构建一个更综合的信息系统。

总体而言,信息系统在管理中具有非常重大的辅助和支撑作用。合理运用信息系统是现代管理在执行其管理功能、理念和方式中必不可少的。

第二节　实验室信息化管理的技术基础

一、数据库技术

数据库（DB）是一个组织精良、避免不必要冗余、数据互相联系的集合，它的运行不依赖于特定的应用程序，能够供多种任务和用户共享。数据库系统的逐步完善和发展始于20世纪60年代，并已成为计算机科学的一个关键领域，同时也是现今信息管理领域中的重要工具。

诸如SQL Server、Oracle和DB2等系统软件都是颇具声誉的数据库管理系统。然而，仅仅拥有这些软件，并不意味着已经具备利用数据库管理系统进行数据管理的优势。要实现这一目标，实验人员必须在这些软件的基础上进行必要的预备工作，以便在实际运用中充分发挥数据库管理系统功能。首先，实验人员应将用户自身的数据存储在系统中，使数据库管理系统能够满足其数据管理需求。其次，实验人员需要具备可以操作数据并达成预期目标的应用程序，同时需要有一名能够确保系统运行畅通的管理员。例如，当数据库出现问题或故障时，这名管理员能够及时介入，使数据库恢复正常运行，我们通常称这名管理员为数据库系统管理员。所以，一个全面的数据库系统实际上是一个依赖于数据库背景的计算机应用系统，这种系统通常由四个主要部分组成，即数据库、数据库管理系统、应用程序以及数据库系统管理员。

初始，数据库的本质在于数据的集结与储藏，且其储藏形式具有明确的系统性；然后，整理数据库必需工具的是数据库管理系统，这是一款综合性的软件，它负责执行数据库系统的各种功能，同时也是数据库系统的操作中心；数据库系统管理员的主要职责是筹划、构建数据库，调和、保养以及处理相关的事务；至于应用程序，那就是建立在数据库之上且在数据库中分割数据的应用软件。

数据库系统的运行依赖于计算机的硬件和软件资源，还需要用户来操作对应的数据库系统。硬件资源包括数据库系统正常运行所需的基础外部存储设备和内部存储设备等；软件资源就是数据库管理系统，作为关键的系统软件，需要在适当的操作系统环境下运行。没有合适的操作系统，数据库管理系统将无法正常运行，比如，SQL Server 2008的企业版本就需要相应服务器版本的操作系统的支持。

我们清楚地认识到，数据库、数据库管理系统和数据库系统是三个相互独立的概念。数据库主要集中在数据上,数据库管理系统着眼于系统软件,而数据库系统则更注重描述完整的应用系统。

二、计算机网络技术

计算机网络技术构成了信息系统管理的核心基础。鉴于实验室或组织内的信息做出的决策是分散的,这些分散的信息由位于各处的计算机进行处理,然后通过互联网把这些分散的信息整合在一起,这就是信息系统管理的主要运行模式。所以,计算机网络技术在实验室信息系统管理中扮演基本启动技术的角色。

(一)计算机网络的概念

1.计算机网络

计算机网络是指一组在各个不同地理位置的"自主独立"的计算机,按照预定的通信标准,利用硬件和软件之间的互联,来完成相互连接、资源共享、信息传递、协同合作和在线处理等各种功能的一个系统。

网络介质的定义是负责传输数据的具体路径,使得计算机间需要通过某种连接方式(例如,通过使用双绞线、电话线、同轴电缆或光纤的有线通信方式,也可以使用微波、卫星等无线媒介)进行连接。协议则创建了一套规则、标准或协议,以确保网络数据可以按照顺序进行交互。

节点是指一种设备,如计算机或其他相似设备,它与具有单独地址且具备数据传输或接收能力的网络相连接。

链路指的是两个互相连接的节点之间的通信路径。

2.拓扑结构

计算机和其他设备在网络中可以被视作节点,而网络通信媒体可以被看作链路。由此可以形成一个由节点和链路构建的图形,这就是采用拓扑学的方式对网络架构进行概括的过程,我们将这种图形称作网络的拓扑结构。根据该拓扑构造,计算机网络可划分为总线型、星型、环型、树型及混合型等各种形式。

星型结构中拥有一个中心实验室节点,其余节点通过点对点的方式与之连接。该结构的显著特征是中心化的控制、装置简单、管理方便。即使某一台主机或者某条线路出现问题,也不会对全系统的正常运作产生影响。

树形结构由一个主节点、众多的分支节点以及叶节点组成。该结构的主要优点在于连接具有简洁性,便于扩展以及错误的独立处理。然而,它的结构比较复杂,过于依赖主机(树根),这并不利于增强网络的资源分享能力。

总线型结构是指所有节点都连接在单一总线中。该结构的主要优势包括网络设计简洁、投入资金较少、易于设定及扩展,非常适用于建构宽带的局域网。但是,由于其高度依赖总线,如果总线出现故障,整个网络将会立即停止运行。

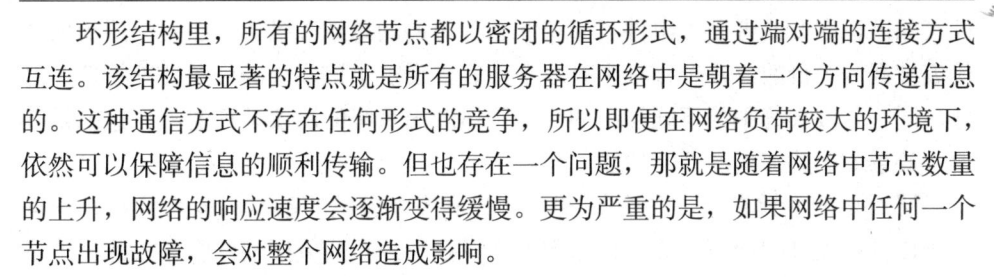

环形结构里，所有的网络节点都以密闭的循环形式，通过端对端的连接方式互连。该结构最显著的特点就是所有的服务器在网络中是朝着一个方向传递信息的。这种通信方式不存在任何形式的竞争，所以即便在网络负荷较大的环境下，依然可以保障信息的顺利传输。但也存在一个问题，那就是随着网络中节点数量的上升，网络的响应速度会逐渐变得缓慢。更为严重的是，如果网络中任何一个节点出现故障，会对整个网络造成影响。

3. 计算机网络分类

根据网络的链接规模和通信形式，计算机网络可分为局域网（LAN）、城域网（MAN）和广域网（WAN）。

根据使用目的，计算机网络可分为校园网络和企业网络。前者主要用于教育科研的信息共享和交流，后者则主要服务于企业的管理和业务自动化。一个校园网络或者企业网络通常包括内网和外网。通过使用Internet技术（包括TCP/IP协议和B/S架构）建立的内网，利用防火墙限制了外部信息的交互，以确保信息的安全。外网能在Internet上的安全通道与内网进行交流。考虑到网络服务的覆盖面，我们可以把网络进一步划分为公网和专网。公网由通信公司建设和运营，为公众提供付费的通信和信息服务。专网则通常是在公网的基础上建立的虚拟网络，它的服务只针对一定范围内的用户或者特定的通信设备。依据网络提供的服务，我们还可以把网络分为通信网络和信息网络。通信网络提供远程联网服务，各种企业网和校园网通过远程连接构建网际网络。这种联网服务的供应商也被称作互联网服务提供商（Internet Service Provider，ISP）。信息网为我们提供了各种网络信息服务，包括但不限于浏览网页信息、下载文件和发送电子邮件等。我们常将这类提供网络信息服务的机构称为互联网内容提供商（Internet Content Provider，ICP）。

（二）计算机网络体系结构

随着计算机网络的不断发展，它如今已经孕育成了一种复杂且庞杂的系统。对于从事计算机专业的人士而言，处理这种复杂系统的一般手段就是将系统构建成层级化的架构，即将大量的相关功能拆分开，逐一进行阐述和实施。

1. 开放系统互连参考模型

系统的开放是指它遵循国际标准，并能通过网络进行互动。很显然，系统的内部结构和功能不包含系统之间的互动，只涉及系统的表象行为。所有与互动系统有关的标准，只是确定了系统的外部特性。1979年，国际标准化组织发布了开放系统互连参考模型（Open System Interconnection/Reference Model，OSI/RM）。OSI/RM是一个分层的架构。

在开放系统里，每个级别都是由各种代表构成的。这些代表可能是软件组件（如进程等）或者硬件组件（如智能芯片等）的总结和描述。在一个层级内的代表被视为等价的，一个级别中有多个代表，反映了该层级的分散处理特性。另外，同一开放系统中的不同层级的代表则体现出系统的协议处理能力，这就是其他开放系统能感知到的外部功能属性。

层级化的主旨在于，各个等级都以其下等级提供的基本服务为依托，并进一步提供更先进的加值服务，最顶端能提供执行分布式应用软件服务。此种策略将复杂问题的处理方式变得更简单、明确。同样，层级化的另一个重点目标是保证各个等级间的自治性。这意味着各等级服务的定义依赖于原初操作，而并非坚守服务执行的具体步骤，即只需保证提供相同的服务，无论何种方法都能作出调整。服务包括基于连接的服务与非连接服务。

应用层：就是与用户应用程序的连接界面，也即回答"做些什么"的部分。

表现层：就是数据形式的变更，也就是"别人看到的是什么样子"。

对话层：对话的控制以及数据传送的协同，也就是等同于"谁的轮次发言以及从哪里发言"。

传送层：通过网络从一端传到另一端的报文传送过程是清晰的，也就是类似于"目标位置在哪里"的概念。

网络层：主要负责数据包交换和选择路由，也就是类似于"确定哪条路径可以抵达目的地"的问题。

数据链路层：该层负责在链路中错误缺失的发送帧，也就是决定"需要往哪个方向前进"。

在物理等级上，比特流将被传递给物理介质以便进行传播，换言之，它将教导前一级如何使用物理资源。依据 OSI 参考模型，网络功能可以被拆分为三个部分：最底部的两个层面会解决网络通道的相关问题，第三层面与第四层面会处理传输服务的问题，最顶部的三个层面则会处理应用程序的访问，并解决应用程序之间的通信问题。

2. TCP/IP 参考模型

TCP/IP（传输控制协议/互联网协议）的核心思想是：参照 ISO 七层协议，将最基础的两层协议（物理层和数据链路层）的相关部分统一视为物理网络，进而在传输层和网络层构建一个一致的虚拟逻辑网络。利用这一策略来屏蔽或隔绝所有物理网络硬件的差异性，包括各类物理网络和在互联网上不同型号计算机的典型差异，以实现全面的通信目标。

（三）IP 地址

1. 定义

网络以一种全球共享的地址模式运作，赋予整个网络的每个网段和每个主机一个唯一的地址，即 IP 地址。

2. 结构

IP 地址由两部分组成：一是在物理网络中所有主机共享的网络地址，也称为网络 ID；二是在网络中每个主机独立使用的主机地址，被称为主机 ID。

3. 分类

IP 地址被划分为五种型别，即 A 型、B 型、C 型、D 型及 E 型。A 型、B 型、C 型地址被频繁地使用，被视为 IP 的主要地址，都由两部分构成，而 D 型和 E 型地址则被视为 IP 的次级地址。

（1）被赋予 A 类地址的网络规模巨大无比。详细规则是：在 32 位的地址域中，网络标志占了前 8 位，其中首位被设为 0，剩余的 24 位完全用于标志连接网络的主机。

（2）普通的大型网络被授予 B 类地址的使用权。详细规则是：在 32 位地址域内，前 16 位作为网络标志，其中前两位设为 10，剩下的 16 位则完全作为接入该网络设备的识别码。

（3）小型网络被分配了 C 类地址。详细规则是：在 32 位地址域中，前 24 位被用作网络识别，其中前三位为 110，而剩余 8 位全部用作识别接入网络的主机。

（4）D 类地址是组播地址。

（5）E 类地址被预留用于未来，这是一种在实验阶段的网络地址。

4. IP 地址的表示

IP 地址由 32 位二进制码，也即 4 个字节来表示。

IP 地址的表述方式是用 4 个十进制数对其进行定义，其中每个数的取值可以在 0 至 255 变动，而各数之间则以"."这一标志进行分隔。

（四）Internet/Intranet

1. Internet

Internet 是基于 TCP/IP 协议构建的全球互联网络。现在的 Internet 已经变成了全球最大的、公开的以及由很多网络相互连接的计算机网络。无论是小型计算机还是大型计算机，无论是局域网还是广域网，不管它们位于世界的任何一个角落，只要它们遵守 TCP/IP 协议，就可以接入 Internet。

网络所提供的各项服务包括全球资讯网络、电子邮件、文件传递等。

2. Intranet

随着现代企业步入集团化趋势，公司的覆盖范围也逐渐拓宽，不仅覆盖国内，更走向国际。众多公司都朝着大规模、专业化、集团化发展。这类集团化公司需要实时了解全球各个区域的经营情况，并针对各地差异制定相应的经营策略。公司内部员工更需要实时掌握公司的战略方向、人事调整、业务发展进展以及通讯名录、产品详细信息和价格、公司规章制度等相关信息。一般来说，公司会通过印刷发放员工手册、价格表、办公指南、销售指南等资料，但这种方式既耗资又耗时，且无法直接送达员工手中。与此同时，这些资料很难随时更新，以致新的公司规定往往无法及时准确地传递给员工。如何使每个员工都获取到最新、最精准的资料版本？如何使公司的员工时刻掌握公司策略和其他信息的变化？传统的技术手段似乎无法解决这些问题。在激烈的市场竞争和快速变化的背景下，公司必须有所调整和改变。一些印刷出来的资料甚至还未送到员工手中就已经过时。这不但造成了人力和物力上的浪费，更浪费了宝贵的时间。现有的途径能够解决部分问题，例如，运用 E-mail 和其他 Internet 技术来解决公司各类问题，企业内部网应运而生。

内联网（Intranet）在利用 Internet 的先进技术，特别是 TCP/IP 协议后，深度发掘了 Internet 在各类计算平台间的互联互通和便捷的网络接入，使得 Intranet 迅速进入大众视野。而且，Intranet 在网络组织和管理上更具优势，能够有效避免 Internet 在稳定性不足、设计无一致性、网络构建混乱以及缺乏统一管理和维护等方面的问题，企业内部的敏感信息或机密信息能得到网络防火墙的有力保护。所以，相比于 Internet，Intranet 更具安全性和可靠性，更符合公司或者组织用以加强信息管理和提高工作效率的需求，因而有人形象地称其为建立在公司防火墙之内的 Internet。

（五）计算机网络设备

1. 网卡

"NIC" 是 "Network Interface Card" 的缩写，即我们常说的 "网卡"，也可称作网络适配器。详细来讲，它就是一个连接电脑与网络的接口电路。

网卡的主要功能是将计算机的数据转变为可以通过介质传输到网络的信号。它依赖网卡驱动程序，以确保网卡和网络操作系统的兼容，从而保证网络通信的流畅。通常，我们把网卡设备安装在计算机或服务器的扩展插槽内，作为连接网络的设备。

2. 交换机

交换机是一种具备信息交换功能的通信系统设备。

切换技术通常是指通过人工或自动设备根据通信双方的信息传输需求，将待传输的信息引导到满足条件的对应路径上的一种总体技术。

3. 路由设备

路由设备即路由器，它是一种在多个异构网络（例如，局域网到广域网）之间或连接不同网络区域（在计算机网络中使用同一物理层直接沟通的区块）的网络工具。路由设备的主要功能是将各个网络或网络区域间的数据信息进一步"转译",以便它们能相互"解析"彼此的数据,进而形成一个更广泛的网络。

4. 防火墙

被誉为"FireWall"的防火墙,是一种网络安全工具,它处于两个或者多个网络连接处,由若干部分组成。防火墙的主要功能是管理网络之间的访问行为。值得指出的是,防火墙与个人防火墙不完全相同。

防火墙在常规定义中是不同安全等级的网络或安全区域的唯一联通道,仅允许防火墙策略显式许可的信息交流通过,该系统本身的安全性和可靠性均较高。

5. 服务器

一种被称为服务器的计算机类型,其核心职能为向网络中的客户端计算机提供各种服务。在网络操作系统的管理下,服务器能将连接的硬盘、打印机和各式专用通信设备分享给网络用户站点,同时具备提供集中计算、发布信息和处理数据等服务的能力。服务器的卓越之处体现在高速的运算能力、持久的稳定性和强大的外部数据处理能力等方面。

与一般的个人计算机相比,服务器在很多方面,如稳定性、安全性和性能等,均需达到较高的水平。因此,针对具体的网络应用环境,与之关联的硬件如CPU、芯片、内存、磁盘系统和网络都需要特殊设计。此外,服务器上还配备有用于管理的软件系统以及服务用户的软件系统。常见的服务器类型包括文件服务器、数据库服务器和应用程序服务器。

三、实验室软件技术

实验室管理软件和仿真模拟教学软件等构成了实验室的软件配置。

(一)实验室管理软件

关于实验室管理软件的解释与其预期的使用者是这样的:这种类型的软件为实验室管理提供了一种方便且高效的方式,融合了数据查找与汇总的功能。此外,它还具有多种不同的功能,如对实验环境(即实验室)进行管理,负责实验器材和物质,对实验场所的使用申请,实验需求的提取,设定实验参与人员的角色,保持实验报告和记录的完整性,返还使用完毕的实验物质,验证实验器械的功能,对实验场所的保养与检验,实验物资的盘存,采购实验物质,以及处理无用的实验物质等。

观察使用者:不同使用者的核心需求是不同的,对于高职院校实验室管理而言,重点在于处理实验室的使用申请,分发实验室物资,以及记录基础实验数据。

主要功能:科研院所的实验室管理软件是组织实验、记录和分析实验数据以及管理实验设备。

科研院和科研机构的需求基本一致。科研公司的实验室管理软件核心在于对产品生产和试验记录的分析，从而做出制造批次是否合格的判定，同时检验产品性能是否符合既定标准。

（二）仿真模拟教学软件

1. 模拟、仿真、虚拟的区别

（1）模拟是对真实事件或流程的模型化。它要展示选定的物理或抽象系统的核心特性。模拟的重要问题包括获取有效信息、选择核心特性和表现，应用简化、近似和假设，以及模拟的可再现性与有效性。

（2）仿真就是使用模型再现实际系统所经历的基本流程，并通过实验系统模型分析现有的或正在设计的系统。我们可以将仿真视为一种特别的模拟，重现系统的外在表征。

（3）虚拟是一个抽象概念，与真实相对。

2. 模拟仿真教学课件的特点

（1）丰富的表现力。

教师利用模拟仿真教学软件的特性，结合多媒体和模拟仿真技术的独特之处以及视觉和听觉的丰富表达，将那些在培训中难以清晰解释、单靠海报或黑板绘图仍难充分阐述的知识，通过鲜明并实际的图像、声音与画面的同步配合、简洁有力的讲解、悦耳的声音及即时的反馈，使学生对知识有清晰全面的把握。

（2）良好的互动性。

模拟仿真教学软件优化了人机交互和教师的组织参与，通过充分展示知识的形成过程，提升了学生的洞察力、思辨能力及实践技巧。这样，学生的学习体验轻松愉快，刺激了他们探寻知识的欲望，极大激发了他们的学习热情，从而为培养他们的创新思维和探索精神创造了良好环境。

（3）极大的共享性。

模拟仿真教材利用互联网技术，可实现课件的在线传递，达到了资源共享的目的。

3. 模拟仿真教学课件的优势

（1）教学内容方面。

将生动的理论教学与模拟实际操作紧密相连，能节省时间、力气和资金。学习方式包括与机器的互动学习、自主学习。

（2）教学组织方面。

教师根据学生的个性和能力进行教学，发展他们的特质。在成果评价上，通过交互式学习，教师可以随时掌握学生的学习效果。

4.教学软件模拟仿真的关键教育要素

(1)教学因素概念。

教学因素是构筑教学过程的单独且相互关联的根本要素。一般包括教师、学生、教学内容(如教科书)及教学媒体。

(2)以教师为实验室的教学结构。

以教师为中心,他们是教育活动的核心、主力和领导者,承担着教学进度的完整规划和调控;学生是教育对象,他们是知识的消费者、对外界教学刺激的反应者;教学媒体是辅助教师开展教学的显示工具;教学内容主体上源自教科书,它是学生学习的必要资源,也是学生获取知识的关键方式。

(3)以学生为实验室的教学结构。

在信息处理上,学生占据主导地位,他们能够自我驱动地解析知识含义;教师扮演着教学设计者和引领者的角色,他们助力学生理解并掌握知识;课堂教学的媒介是帮助学生自主学习的思考器物;对学生而言,教材并不是获取知识的唯一途径,还有图书馆、资料室和网路等其他途径。

(4)学教并重的教学结构("主导—主体"教学结构)。

教师应当全方位地引导和监督学生,以及他们的学习过程、课程内容和教学工具的应用;思考学生的独特需求,教师有责任为他们选择和设计一套特别的课程内容、教学工具和沟通方式;教师是课堂学习的组织者,是开阔学生视野的驱动力和优秀品性的榜样;学生可以使用大量由教师挑选、设计和管理的学习资料,他们不仅是学习的主体,也是信息处理和感情体验的核心,以及知识建设的关键参与者;教学工具不仅能增强教师的教学展示,也有助于激发学生自主学习的认知和热情;教材并不是唯一的教学资源,通过教师的引领、自我学习和协作互动,学生能够与各种学习对象(例如,本课的教师、同班同学甚至社会上的专业人士)和各种教学资源(例如,书籍和网络资源)相融合,从而获取更广泛的知识。

5.模拟仿真教学软件的设计原则

(1)科学性原则。

将科学性作为准绳,主要呈现方式就是精确的概念、可信赖的数据以及真实的知识。

(2)规范性原则。

以多媒体技术的使用方式出现的课件,必须严格遵守多媒体技术原则和标准,唯有如此,课件才具有广泛推广的潜力和进行二次利用的可行性。

(3)简洁性原则。

首先,内容方面要求简明扼要,要做到字句精练,强调主题,逻辑清楚,层次鲜明。其次，在制作技巧上也要精简，要求颜色搭配和谐、图像贴合易懂、使用方便，还能节省储存空间。

（4）艺术性原则。

在运用颜色、排布构图、展示特效、进行创新等方面，都需要做到合理搭配和恰当使用。

（5）时效性原则。

教学资料的核心价值在于其实践运用的效果，其紧跟时代的特征体现在方便教师应用，学生接受度高，以及学习过程无压力和充满快乐，并且能真实掌握相关的知识和技术。

6.模拟仿真教学软件的开发

（1）生成动态文本。

生成动态文本是模拟教学软件的核心部分，文本的主要任务是讲解理论知识，向读者展示对应课程的主题内容，并提供相关概念、定理的定义以及相关公式。

（2）演示单元。

某些较为抽象或复杂的理论，可以通过形象的动画来展示。换句话说，通过动画来解释和演示理论知识。展示有两种方式：纯动画展示和互动性动画展示。

（3）测试模块。

仿真教学素材经常被应用于方便自主学习的网络教学资源里。试题测试是一个关键环节，通过自我评估，学习者能够了解自身的学习状况，以利于更有效地进行后续学习。设计这个部分的过程与前述模块相似，也采用了互动的方式。在学习者回答问题后，系统会进行评判、提供修正性解释，学习者可以进行自我对比，从而提高学习效率。

7.模拟/仿真教学软件常用开发工具

（1）使用 ToolBook 来创建软件模拟的教学材料。ToolBook 由保罗·艾伦（Paul Allen）创立，他曾与比尔·盖茨（Bill Gates）共同创建了微软公司。在 1985 年离开微软后，Paul Allen 创建了 Asymetrix 公司，并在 Windows3.0 发布时推出了 Toolbook 的初版。

（2）用 FrontPage 或 Dreamweaver 制作模拟课件。

（3）用 Flash 制作模拟课件。

（4）用 VR 制作模拟课件。

四、实验室计算机硬件技术

（一）多媒体教学科研设备

人机交互系统是一种综合性的教育研究设备，将数字化音频、图像、视频、计算机图形与一般计算机融为一体。

观察处理流程，完备的多媒体计算机硬件系统包括三个主要元素，即多媒体采集输入装置、多媒体主机及多媒体输出装置。从处理流程的功能性角度，计算机硬件系统可划分为以下几个部分。

1. 音频部分

主要功能是收集、处理和修整波表、MIDI 等多样音频材料，涉及的装备包括录音装置、MIDI 合成器、高效能的音频卡、扬声器、麦克风、耳机等。

2. 图像部分

主要功能是收集、制作和处理各种类型的图像素材，所需的设备包括数码相机、扫描仪等。

3. 视频部分

主要功能是搜集和整理电脑动画和视频内容，这要求设备具有较强的运转速度和存储功能。所需的器材包括动画图像收集卡、数码相机及其他大储存量设备等。

4. 储存区域

包括光盘储存、磁盘储存以及网络储存设备。

5. 触摸屏、数据手套等

被视为人机交互设备的一部分。

在实验教学领域，多媒体教学法的使用非常广泛，通过整合文字、图片、音频、动态影像和电影等多种元素，创造出一种视听丰富、多彩有趣且能模拟现实的课堂学习环境。其中最大的优势就在于它能将传统教学中枯燥单调且过于理论化的内容，通过多媒体的形式转化为生动活泼、具体鲜明、直观逼真的事例，这有助于学生对深奥难解的知识信息进行物化，易于学生理解，也使他们能在一个舒适愉快的环境中进行学习。

（二）多媒体音频系统

声卡、MIDI 及音响组成了多媒体计算机的音频装置，使计算机能释放出种种悦耳的音符，使人们产生欢愉的体验。

1. 声卡

声卡常常被人们称为"声音适配器"或者"音频卡"，它的主要功能是对声音进行处理。如今，在许多计算机主板上，音效处理芯片已经被直接集成，这种方式不仅取代了声卡的功能，还大大提高了计算机的性能与价格比。就像在实验教学中，它可以被用于录制和播放音频。

2. MIDI

MIDI 是音乐设备数字接口（Musical Instrument Digital Interface）的缩写。

具体而言，MIDI 系统是用于作曲、配器和电子仿真演奏的一种系统。例如，学生能在多媒体网络教室通过 MIDI 制作软件，按照他们喜欢的音质、和弦和节奏，为歌曲创作伴奏，从而提升了学生对音乐基本成分的认知能力和创新力。

3. 音响

所谓的"电脑音响"就是多媒体音响，其以计算机为主要声源，适用于播放如教材中音频解说等多媒体声音。

（三）多媒体图像系统

扫描仪、数码相机与显示器备共同打造了多媒体计算机的视觉系统，使计算机得以展示五彩斑斓的图像，便于大众进行学习与研究。

1. 扫描仪

扫描仪是一种输入工具，它将图片、投影片或手绘稿件转化为计算机能识别并处理的信息。一旦配备相应的应用程序，扫描仪还可以实现中文和英文文本的智能读取。

2. 数码相机

数码相机（Digital Camera，DC）是一种能通过电子传感器把光学影像转换成电子数据的装置。

在医学实验教育中，教师使用扫描仪和数码相机来采集教学幻灯片中的典型案例，并存储在电子教学片库中，创建了医学电子教学片库和考察片库。这些资源被学生广泛用于课堂学习、课后实习、临床实习及评估，进一步提升了学生的医疗诊断技术，保证了医学应用教育的品质。

3. 显示器

显示器又叫监视器，这是一种电脑的输入/输出设备，其种类包括但不限于 CRT（阴极射线管）、LCD（液晶显示器）等。显示器的主要功能是将指定的电子文件通过对应的传输设备在屏幕上呈现并反射至人眼，成为一种展示工具。

（四）媒体视频系统

因含有数码摄像机、视频显示卡、视频采集卡、视频压缩卡及投影仪，多媒体计算机的视频系统具备播放和展示实验过程、教学学术等相关视频的能力。

1. 视频显示卡

视频显示卡又称为显卡、显示接口卡、显示器配置卡、显示适配器。其主要功能是转化和操控由计算机系统所需的展示信息，并向显示器提供扫描信号以确保其准确播放。因此，显卡在连接显示器与多媒体计算机主板这一链条中扮演了核心角色，是实现"人机交互"的主要设备之一。

2. 视频采集卡

在视频处理、数字化视频编辑后期制作等流程中,视频采集卡是不可或缺的硬件设备,其对视频的数字化处理产生重要影响。

首先,使用视频采集卡,可以将录像机保存的视频信号储存在个人计算机上。然后,借由相关的视频编辑软件,我们能够对数字化的视频信号进行后续编辑,比如剪辑镜头、添加滤镜、加入字幕与音效、设置过度效果及各类视频特效等。最后,将编辑完成的视频信号转成标准的 VCD、DVD 或是网络流媒体等格式,方便传送和保存。

3. 视频压缩卡

视频压缩卡的主要功能是解码或编码模拟信号或数字信号,然后按照某种算法把信号保存在硬盘上或直接刻录到 CD 上。通常来说,压缩卡可分为两类:一是硬件压缩卡;二是软件压缩卡。

4. 数码摄像机

"Digital Video"在中文中的含义是"数字视频",通称 DV(数码摄像机)。根据利用场景,数码摄像机可分为播放级、专业级及消费者级三种机型。从储存媒介的角度,DV 又包含 DV 带类、光盘类、硬盘类及存储卡类。教师可以借助数码摄像机将整个授课流程录制下来,并通过直播服务器供学生们参阅。

5. 投影仪

投影仪也被称为投影机,是一种能将图片或视频显示在屏幕上的仪器。

随着网络深度渗透到学校和在线环境持续改良,我国的教育现代化也在坚定地向前迈进。如今,大部分教育机构已经成功搭建了由多个通道形成的广泛的校园网络数据网。在这样的网络环境里,全方位地运用远程教育系统,活跃信息的流通,构建一个基于音视频多媒体技术的互动对话平台,这对现有的网络平台实现了增值。多媒体视频系统不仅为远程教育提供基础设施,也为教师与教师、学生与学生的一对一音视频通信预留了通道。另外,地理位置分散的教师可以随时召开会议,开展远程工作和执行科研任务。

(五)多媒体存储系统

数码化的多媒体数据被储存在计算机中,以各种文件格式呈现,如图片、音讯、影像和动画等。这些多媒体档案需要大量的记忆空间,因此对硬体装置有相当高的需求。主要存储多媒体数据的硬体装置包括磁存储设备、光存储设备及网络存储设备。

1. 光存储设备

光存储设备又叫作光驱,使用的数据存储媒介被命名为光盘。这种媒介因其大容量、低价及保存期长而被广泛应用于各种软件和数据的存储。从 CD、DVD

到 HDDVD 和 BD，光盘的存储空间日益增大，技术也在不断发展。

光存储设备主要包括台式电脑的内置光驱、笔记本电脑的内置光驱及独立的外置光驱三类。

2. 磁存储设备

磁存储器部分由硬盘存储器、软盘存储器和磁带存储器构成。如今，磁存储器的市场主流产品是硬盘存储器。

3. 网络存储设备

网络存储设备主要包括 DAS、SAN 和 NAS 三种。

DAS 的存储方式是直接附着存储。该储藏方法的特征是其储藏工具能直接和主机服务器相连，各个主机服务器的储藏工具无法互相访问，若想在不同主机之间访问数据需要复杂的设置步骤。如果主机服务器运行的是不同的操作系统，数据读取和输入的过程更加复杂，有些系统甚至无法进行数据读取和输入。DAS 常被用于网络环境单调、数据传输量小、对性能要求低的场合，也可以被认为是一种相对较早的技术应用方式。

SAN（Storage Area Network），主要通过光纤快速网络将专门的主机服务器连接起来，形成存储区域网络。该系统一般放在主机集群的后端，使用快速的连接方法，包括 SCSI、ESCON 和 Fiber Channels 等。该系统主要适用于需要高网络速度、数据可靠性和安全性以及数据共享的应用环境，比如在电信和银行等场所，SAN 得到广泛使用。同时，它的卓越性能也带来了相应的高成本。

NAS 全称为网络附加存储，是一个网络存储系统系列。这些系统通常直接接入网络，并供应数据访问服务。它的主要优势在于有较高的成本效益。譬如在教育、政府及商业等环境中，NAS 被广泛使用于数据保存工作中。

4. 云存储

云存储，这一新概念的诞生源于云计算的思想并由此衍生和进步。云计算的出现是由分布式计算、并行计算和网格计算等众多高级技术的融合而来，它的主要目标是利用网络将大型的计算处理流程拆解为众多微型的子程序，并将这些子程序分派到各个服务器进行运算和分析，之后再将处理成果反馈给用户。凭借极高的处理速度，云计算能在几秒内处理数亿条信息，其网络服务性能堪比超级计算机。云存储利用集成应用、网格工程或分布式文件系统等技术，将网络环境中的各种存储设备加以整合和配合，共同为用户提供文件存储和业务访问服务系统，在确保数据的安全的同时节省存储空间。概括来说，云存储就是一种在云端储存资源以供人们使用的新服务。用户可以在任何时间、任何地方，通过任何可以联网的设备，方便地接入云端获取数据。

5. 其他多媒体设备

（1）打印机。

①市场上盛行各式各样的打印机，如针式打印机、喷墨打印机和激光打印机等在教学和科研活动中被广泛运用。还有热升华打印机和热蜡打印机等其他种类。

②针式打印机价格实惠，耐久性强，并且可以打印各类纸质材料。

③喷墨式打印机在操作过程中声音相对较低，图片的打印质量颇为优秀。

④激光打印机的打印效果精美细致。

（2）触摸屏。

触摸屏又叫"触控屏"或"触控板"，是一种能够接收输入信息的感应式液晶显示器。一旦用户接触屏幕中的应用图标，其内置的触感反馈系统就会按照预先设定的程序操纵各种连动设备，从而取代了传统的机械按键板。而且，通过液晶显示屏，能产生生动的视听效果。触摸屏作为最前沿的计算机输入工具，构筑了现今最简洁、便利和自然的人机交互方式，赠予了多媒体全新的面貌，也变成了极具魅力的创新型多媒体交互设备。

（3）数据手套。

数据手套是一种具备多功能特性的虚拟现实器材，其具有编程的特性，可在虚拟设定中实现物体的捕获、移动和旋转，而且其多模式的特质也被用作浏览控制工具。这使得用户能够以更易理解、更自然且更有效的方式与虚拟世界进行互动，交互和沉浸式的体验感大大增强。同时，为用户提供了一种通用且直接的人机互动方式，特别适用于需要多自由度的手部模型在虚拟现实中做出复杂动作。

（4）数字头盔。

数字头盔又叫数据头盔或立体头盔，实则是在3D虚拟现实应用中用于图形展示和视图检测的工具。它直接和个人计算机建立连接，从而接收计算机发送的3D虚拟现实图像信息。在使用该设备时，用户需要将其戴在头部并与一个具有三个自由度的空间跟踪定位器配合使用，以实现观察虚拟现实显示效果的功能。基于此，观察者还可以在空间中自由移动，如行走、转身等，这给用户带来了强烈的沉浸感。尽管头盔显示器在所有虚拟现实硬件观察设备中带来的沉浸感较为突出，但其虚拟三维投影显示和观看效果仍有待提升。当涉及投影式虚拟现实系统时，头盔显示器是系统功能和设备的有益补充。

（5）立体眼镜。

立体眼镜也被称为3D眼镜。试验参与者可以利用立体眼镜，轻松建立示教系统并获得一种身临其境的感觉。在利用如立体眼镜和数据手套等交互工具辅助跟踪定位的同时，对虚拟环境中的教学和科研元素进行演示和控制，同时将其实时输入相关的管理应用软件中。另外，光学定位跟踪系统对操作人员进行全方位的捕获和跟踪，带来了全面的沉浸式体验，模仿实际操作的感觉。创建切实逼真的视听触觉整体化的特定领域虚拟环境，提高试验人员的认知意识，辅助他们与环境进行交互，激发他们的想象力，扩展他们对未知区域的理解。

五、实验室网络综合布线系统

1. 智能建筑

20世纪70年代末，智能建筑这一概念在美国首次被提出。直到20世纪90年代，中国才开始踏入智能大厦（建筑）的建设领域，尽管起步较晚，但其快速的发展趋势却引起了全球的关注，智能建筑已逐渐成为一种崭新且增长迅速的产业。

根据美国智能建筑学会的定义，智能建筑的目标是全方位融合建筑的构造、设施、服务、运作及其相互关联，以达到最佳的结合，打造性能卓越、运营效能高、极为舒适的大楼。

2. 综合布线与智能建筑

智能建筑主要由系统集成实验室、综合布线系统、楼宇自动化系统、办公自动化系统和通信自动化系统这五个关键部件构成。

智能建筑内部的主要设备使用场所就是系统集成实验室（SIC）。它可以通过建筑内部的全方位布线，与各种通信终端设备如电话、传真机等，以及各类传感器如烟雾感应器、压力检测器、温湿度测量仪等进行连接。

3. 综合布线系统产生的背景

在智能化大厦（住宅园区）的建筑或建筑组合体中，除了包括计算机网络系统，还融合了电话交换、数据接口、视频设备，同时加入了取暖、通风和中央空调、传感器、灭火系统、监视系统以及能量控制系统等设备。因此，为了满足各种需求，管理人员需要设置不同的线路系统，将上述所有设备连接在一起。

传统的布线系统的特点如下。

（1）系统不相容：各子系统是单独设计的，各系统之间并无连接，互不相容。

（2）设备的适应性：各系统的末端设备仅在所属的系统中有效，越过该系统则无法得到支持。

（3）项目协同困难：项目建设分阶段进行，相互之间调整困难，导致成本增加。

（4）系统不具备适应性：由于没有统一的技术规范和传输媒介，一旦系统确定下来，就很难进行变更，因此其适应性较差。

综合布线系统的产生背景如下。

由于传统的布线系统有诸多缺陷，人们开始寻找能够整合所有语音、数据处理、影视设备和管理系统的统一、开放式的综合布线系统。该系统不仅可以节省安装空间，也可以降低改造和维护管理的费用，还可以用较为经济的价格和可靠的技术接入最新的系统。在建筑或建筑群范围内，综合布线系统就是此类传播网络的典型代表。

4.综合布线系统的定义

所谓的综合布线系统，就是由通信电缆、光缆、各种软电缆以及相关的硬件构成，为各种应用系统提供必要的通信支持。

合一配线是一种高度模块化且具有很强适应性的信息传输方式，它可以在建筑内部或建筑间使用。该方式不仅可以实现语音、数据、图像设备以及交换设备和其他信息管理系统的连接，同时可以实现这些设备与外部世界的通信。

5.综合布线系统的基本组成

按照《综合布线系统工程设计规范》（GB 50311—2007）的规定，综合布线系统的工程设计包括六大模块：工作区子系统、水平子系统、管理间子系统、垂直主线子系统、设备间子系统，以及楼宇子系统。

（1）工作区子系统。

终端设备专用的操作空间是子系统的工作范围，就像独立的办公室或工作场所。该子系统主要由信息接口、设备连接线和适配器组成。连接设备必须符合国际ISDN的八位接口标准规定。

（2）水平子系统。

水平子系统主要由作业区插座、各楼层的配线设备、信息插座配线电缆、楼层配线设备及跳线组成。目前普遍使用的是四对非屏蔽双绞线，然而在遭受磁场扰动或须保密的情况下，会选择用屏蔽双绞线。如果需要应对大带宽应用，会倾向于使用光缆。

（3）管理间子系统。

管理间子系统将垂直主线子系统与水平子系统连接起来，其主要覆盖的设备包括局域网交换机、配线架、电源、机柜以及其他与通信和计算机设备相关的装备。

（4）垂直主线子系统。

子系统之间以及管理间子系统采用垂直主线系统相互连通，一般是由无屏蔽双绞线和光缆构建，且它们与设备间和管理间的配线架相接。

（5）设备间子系统。

一般来说，设备间称为网络实验室或者机房，这个位置在每个建筑物的适当地方，便于网络管理和信息交流。主要设施包括计算机网络设备、服务器、防火墙、路由器、程序控制交换机和楼宇自动控制设备主机等。

在设备内，子系统是由电线、联接元件及配套的支撑硬件组成，其功能是连接公共系统所使用的各种设备，如电信中继线、PBX、邮电光纤和电子交换机等。

（6）楼宇子系统。

楼宇子系统又叫建筑群子系统，其主要功能是建立楼宇间的通信联系。通常，我们会使用光纤并配备适当的设备来实现这项功能。该子系统承担着提供楼宇间通信所需硬件的职责，硬件包括缆线、接口设备和电力保护设备。

第三节　实验室信息管理系统

大众对于一款能够方便实验室管理的自动化工具持有高度期待。例如，①拥有实验笔记功能，可以完整储存教师和学生在实验过程中的所有记录，不仅能清楚地记录学习和分数，还能保存实验步骤的追踪。并且，严格的保密条款规定未经许可的成员无法查阅。②保有实验手段库，这含有教师和学生的实验知识积累以及新的试验方法，是对实验知识的沉淀和传承。③进行实验室的全面管理，如流程维护、设备监管、人员分工及物资管理。在实验物料中，所有的入库和出库都被电子记录下来，完整呈现库存情况。任何一次的消耗都会被记录，并与实验笔记联系起来，以确保所有物料都被用于教学和科研上。④扮演采购助理角色，通过在线购物平台向实验室成员展示实验设备和消耗品，包括规格、成分、使用方法的详细介绍。

通过运用科技手段如计算机和网络，实验室信息管理系统基于科学的管理理念和先进的数据库科技，对实验室的诸多信息进行了一体化管理。该系统将实验室的员工、材料、设备、技术、方法及档案资料等资源进行有机整合，构建了一个全方位和规范的管理体制。

一、实验室信息管理系统概述

（一）实验室信息管理系统的概念

在当代实验室中，实验室信息管理系统（LIMS）包括综合管理的思想、技能、策略和产品。LIMS是一套专为实验室定制的信息管理系统，能够统一管理实验室的数据收集、输入、处理、审核、评价、储存、传输、共享、报告发布以及流程。另外，它还可以对实验室的员工、材料、设备、技术方法、文档等资源进行全面管理，并且能够和公司的总体信息系统整合。LIMS被认为是实现科学、规范、流程、电子、联网、动态和现代管理的关键途径。在工业（包括石油、化工、药品、冶金、食品、轻工等）、农业、政府公共机构（包括自来水、环境检测、卫生、海关、检疫、食品药品监督等）以及科研领域的检测和监控方面，它是极其重要的技术基础和通用产品与技术。

（二）实验室信息管理系统分类

依据功能，LIMS 一般分为以下两大类。

第一类，全面的数据管理类型。该类型的 LIMS 软件主要包括以下功能：数据的采集、迁移、储存、处理、数理统计分析、自动判断数据质量、分发和发布、报告管理以及网络管理等。其特点在于功能的单一性，能够轻松实施。

第二类，全方位的实验室管理方式。该方式在第一种模式的基础上，加入了诸如样本、资源（涵盖物料、设备、备用零件、长期资产等），以及事务（如工作量与薪资奖金的掌控，文件资料以及文件管理等）等模块的管理要素，从而打造出一个完善的实验室整体管理以及质量检测控制系统。该系统的主要特点有：①功能范围广泛，在对检测数据进行严密的管理和控制的同时，还能满足实验室的日常管理需求；②网络构建较为复杂，实施有一定难度，投入成本较高，通常需要实验室与专门机构携手开发与设计。

（三）与 LIMS 相关的国际标准

高标准和严格准则的建立与执行，是高科技进步、产品完善及生产效能提高的象征。为了提高数据分析的质量，现已将之纳入法律范畴。20 世纪 70 年代，质量控制（QC）的概念被提出，20 世纪 90 年代，各个行业的标准化机构制定和发布了各类管理规章，质量保障规范和各类技术约定。

下述是全球通行的实验室品质保障与质量管理的标准：鉴于计算机在实验室中的大规模使用，因此引荐了卓越的自动化实验室程序（GALP）。此程序具体解读了实验室的操作方式、功能、管理和如何运用计算机处理实验室数据的技术规格。美国环保署（EPA）对健康和环境产品的管理方法进行了设定。美国材料实验协会（ASTM）、公共分析化学协会（AOAC）和美国实验室协作委员会（ACIL）设立了大量相关的标准和协定。欧洲经济社区（EEC）发布了实验室认证的引导方针，推动其成员国成为认证实验室，他们提交的认证凭据在欧洲经济社区所有成员国都得到了承认，进而拓展了商品交换的途径。国际标准化组织 ISO 的 ISO 9000 系列程序已成为全球肯定的标准，部分国内实验室已经通过 ISO 认证，或正积极推广。

诸多实验设备各自拥有独立的计算机硬件、软件配套设备，再加上实验数据并未统一规范，这些因素均对实验室的自动化以及信息资源的开放和分享产生了阻碍。对此问题,科研器材供应商和实验研究工作者都已广泛接受和认同。ASTM 发布了多项分析化学技术规则,例如,1998 年推出的色谱分析数据交换协议(AIA),这一协议明确了原始数据文件及结果文件的标准格式和构造。其目标包括:①推动不同生产商的设备之间的数据传输;②向 LIMS 提供通信接入;③实现数据与文档环境和电子表格的链接;④实现数据的保存。此外,还有分析数据交换和信息储存标准(ADISS),这是一种关于分析数据对象的标准,已被美国分析仪器与数据通信标准委员会、美国质谱社团以及真空社团所采纳并执行。美国国家标准技术协会(NIST)正筹划设立实验室自动化联盟(CAALS),并为分析仪器与计算机间的信息交流协议进行制定。

二、LIMS 所需的主要元素及其应有的基本特性

LIMS 是一个用于处理实验室信息的应用程序系统,它也可以为实验室信息管理提供完备的解决方案。该系统包括以下核心组件和基本功能。

(一)提供解决方案而非仅提供软件

对 LIMS 用户来说,LIMS 作为供应商必须为他们提供一个以 LIMS 应用为中心,专为满足实验室需求打造的系统解决方案。该方案包括 LIMS 产品的选择、定制更改、实验室管理模式的转变和执行,以及专业软件配套等一系列服务。LIMS 供应商如果经验丰富,会把历次实施的经验整理为各式模板,供给各种类型的实验室使用。新用户在构建自己的系统时,可以直接使用这些模板来搭建框架,随后根据自身独特的需求作出调整。采用这种方式的优势是,新用户能在需求分析、设计及执行的每个阶段,引入和整合之前的实施经验,从一个较高的起点出发,避免或少走弯路。

(二)满足用户的质量管理体系和相关认证体系

方案制定过程中,LIMS 系统的设计必须遵照 ISO/IEC 17025—1999,亦即中国的国家标准 GB/T 15481—2000,这是由国际标准化组织及国际电工委员会颁布的《检测和校准实验室能力的通用要求》。

针对用户对相应认证的要求,某些 LIMS 产品已经通过了美国食品药品监督管理局(FDA)的安全性验证。

许多 LIMS 产品及其提供商已经取得了 ISO 9001 的资质,这意味着在 ISO 9001 批准的约束环境中实施了 LIMS 产品的构建和项目进展的全部步骤。

(三)实验室数据采集自动化

一项基础的实验室自动化工作就是将分析设备获取的实验结果直接无人干预

地传送至 LIMS 系统。

许多 LIMS 都有集成仪器的功能，能为各类常用实验室分析设备与 LIMS 直接连通提供自动化编程。或者，如果设备自带 PC 工作站或者可以联网，那么使用开放的数据接口技术与 LIMS 进行数据交流。

（四）实验室数据处理自动化

LIMS 的自动化数据处理是以用户需求为基础。基于用户的设定，它可以进行数据计算，包括系列计算以及自动化的计量单位转换。为了满足用户对图表和相应数据的需求，它可以选择使用不同的数字格式。此外，它具有处理各式谱图，如气质联用仪、气相、液相、离子色谱仪、红外光谱仪及紫外光谱仪等功能。同时，也能够完成金相图像分析、生物图像分析，以及医学图像分析等图像处理工作。

（五）实验室管理自动化

实验室的各类操作和管理功能，可以通过 LIMS 得到自动化、智能化且高效的脚本支持，从而极大地提升实验室的自动化管理水平。如果用户有需求，它可以实现样品录入、测试、结果输入、数据运算和决定、检验报告输出、不合格警告、对相关单位发送传真或电子邮件、统计分析等所有任务的自动化。更进一步地说，它甚至可以整合 MIS 系统，帮助一个部门或机构实现办公自动化。

（六）开放式的操作平台

LIMS 需要在多个操作系统上，如 Windows 平台、Unix、Linux 等正常运行。同时，必须支持所有满足 ODBC 规范的数据库，比如 Oracle、SQL Server 等。加之，LIMS 需要具备与全球领先的 DCS 和实时数据库系统进行通信的能力。此外，LIMS 要有和各种第三方设备和软件建立连接的能力，实现与微软的 Word、Excel 等各种信息系统的整合。这样，LIMS 就有可能成为各个层级管理信息系统的一部分。

（七）友好的用户界面

现在，各类型的商务软件都在致力于提升用户友好性，LIMS 同样如此。它主要是从 Windows 操作系统中开发出来的，以保持具备窗口技术的基本属性，用户只需简单熟悉 Word 和 Excel，就能轻松掌握 LIMS 的使用方法。对于国内用户来说，一个已经被汉化的用户界面则是少不了的。

现在，LIMS 已经采用了组态软件的运作方式。一个对用户友好的 LIMS 在建立用户系统的整个过程中，都能呈现给用户组态操作的方式及工具，从而消除了用户编程和定制的困扰。这种组态操作无须用户掌握计算机及IT方面的专业知识，因此，实验室工作人员可以积极地参与到系统建设过程中，对LIMS的实践性产生正面影响。

（八）Internet 应用

Internet凭借开放的接口和规范化，得到了广泛普及和飞速发展。原初的服务，比如电子邮件、网页浏览、文件传输、远程登录等，现在已经扩大到涵盖教育、出版、广告、个人资料管理、财经数据、音频视频播放、视频会议及网络电话等宽带任务。

LIMS需要具备开展电子贸易、远程器械测控和模拟实验室的能力。对于商业实验室来说，电子商务的重要性毋庸置疑。如果实验室能与银行实现网络连接，就能通过网络方便地向客户收费。此外，配备有物流系统，远程用户可以畅通无阻地提交样本并进行实验。

对于环境监测或某些仪器需要布置在苛刻的生产环境中的实验室，远程控制设备显得尤为重要。对于那些距离几十公里甚至几百公里，或环境中存在毒气等危险因素，人们无法近距离接触的监测设备，除了需要控制其正常工作和完成实验外，更需要关注其运转状况。这些设备通常能够自动运行。通过宽带网络，LIMS能够实现对这些设备的远程检测和控制。

通过Internet，LIMS能够实现各种地理位置上的仪器的资源共享和资源整合，从而构建出虚拟实验室。通过信息超级高速公路和LIMS，社会资源的共享成为可能，网络化的实验室能够使分布在异地的仪器在LIMS统一管理和调度下，完成单一设备无法完成的实验。

三、LIMS 的管理功能

LIMS被应用于实验室信息管理的软件系统中，其核心目标旨在监控和管理样品分析的每一个步骤，以消除人为错误带来的分析偏差。同时，该系统有助于提高样品分析的品质以及员工的工作效率。此外，它还有助于实验室构建一套完整的质量保证机制，对所有可能影响实验室质量的因素进行有效的控制和管理，同时对实验室的操作程序进行严格规定。

随着实验室对于计算机控制和计算机运算仪器的使用逐步增强，特别是在因工作任务持续加重而人员力量不足的状况下，数据管理变得至关重要。此外，计算机的普遍使用使所有实验室都在不同程度上需要进行办公自动化（OA），比如文稿制作、表格总结、全面性的查询以及文档的传递等。然而，在必须取得认证并遵守国际规则的实验室中，对数据的处理和管理需要依据更高级别的准则，例如出示证明。

几年前那个样本，是谁在进行实验？实验方法选择背后的理由是什么？实验的操作步骤，是谁负责审核？使用了什么设备？实验结果如何？遭遇的困扰又是怎样解决的？

除了需要对实验设备进行严格的鉴定以外，还要对实验程序、操作人员的培训及标准操作流程等进行妥当的管理，并确保其符合相关的标准和规定。这就说明，一个实验室需要管理的信息并不只是分析结果。那些要求严格、规范的信息管理需求不能仅依赖常规 OA 系统来完成，因为其情况复杂且涉及面广，所以除此之外，还必须构建一个鉴定系统。

例如美国食品与药品管理局（FDA）对电子记录和电子签名的规定（FDA Ruling 21 CFR Part 11）以及优良实验室规范（GLP）、优良自动化实验室规范（GALP）等实验室信息管理的认证标准逐渐完善，与工业领域的 ISO 9000/14000 质量体系认证一致。这些准则均沿袭 ISO 9000/14000 和 ISO 17025 的基本原则，对实验室环境下的信息管理提出了适合的要求。

美国的食品和药物管理局（FDA）对于数字签名、电子签名、手工签名和电子记录，以及在处理个人关系、生物统计相关的签名和记录时确认身份的方法、显示签名的方案、构造和控制等内容，在 FDA Ruling21 CFR Part 11 法规中都有明确的规定。同时，FDA 也强调用户在使用系统时需要遵循设定的流程和控制工具，进行创建、修改、记录或转发电子信息，以此保障信息的真实度、完整性与适当的隐私性，并确保签名双方不会轻易否认已签名记录的真实有效性。FDA 的权威地位以及他们制定的规定的严谨性，使得 FDA Ruling21 CFR Part 11 法规成为许多 LIMS 在电子签名和电子记录领域的实际标准。

高质量自动化实验室准则（GALP）在处理实验室信息时的原则是：

数据——确保所有输入数据的完备性。

审计——数据记录和编辑要责任到人。

修改——提供适当的修改管理方法。

操作——采用经过充分证实过的方法。

当面临挫折或遭遇未经允许的访问时，备灾计划提供了一种备选方案。

显而易见，实验室信息管理认证须满足关于数据完整性、安全性、可追踪性以及数据存储和备份等一系列要求。这些严谨的规定不仅为实验操作人员和实验室管理人员提供了利用计算机化、自动化设备带来的便捷，也为在法规日益严格的环境中处理由仪器精细分工产生的多元化数据、利用计算机系统整合实验室产出的大量数据、用电脑处理复杂报表以增效指明了方向。这些都是实验室管理人员所追求的目标。

四、LIMS 的实施误区

在执行 LIMS 项目时，实验室对于软件有两种容易偏激的期待：一方面，由于习惯了纸面文件的工作方式，实验室希望 LIMS 能够简单地复制其原有的工作流程，却不明白如何借助 LIMS 使得工作更有条理且效率更高；另一方面，实验室希望 LIMS 能够作为一名严格的监管者，强制实施各项规章制度，以彻底根除不规范现象。为了解决这个问题，熟悉软件知识并了解实验室工作的专业人士可帮助实验室在两种工作方式转变的过程中避免走弯路，并提升实验室的价值。

在执行 LIMS 项目时，我们观察到，实验室先前的样品测试流程在采用了 LIMS 后，部分步骤可以省略，而对于一些样品测试流程则需加入新的步骤以免混乱。

例如，过去，实验室在手动处理纸质文件流程时，会使用样本流转卡或任务检查单来传递和记录样本及任务的信息，同时采用定额单和收费登记单来完成收费情况的记录和审核。如今，在检测工作流程中这些记录单已经被省略，对人工操作和打印纸张的环节有所减少，从而使工作流程更加简洁和高效，同时节省了纸张与打印机的用量。在 LIMS 的助力下，实验室能够在停用这些记录单的同时，对信息进行更有效的录入、传递和审核。

LIMS 作为一款管理系统，其实施使用能极大地辅助或规划一个实验室 3~5 年的扩展发展。因为大部分任务和数据是在软件内部运行和保存的，考虑到数据的连续性，实验室通常在没有其他选择的情况下才会更改 LIMS。

第四节　现代化实验室信息管理环境的支持设施

一、运用桌面虚拟化科技的现代化实验室

教育逐渐走向信息化、网络化、智能化，无疑谱写了知识和文化传播的全新篇章，并给予了高等教育的教与学这样一种惊人与震动的感应。特别是在教育教学中引入信息化实验室，不仅给各门学科教育前所未有的便利与支援，同时对教与学的过程产生颠覆性影响。各高等职业学院都设立了深具规模的多媒体课堂、实践教室、仿真实习室、自我操作实验室及电子阅览室。然而，信息化实验室的构建也存在困扰，比如初期的软硬件开销大，不说购买的个人计算机期望解答一种或是多种教学需求，对于大多数师生来说，过多过强的计算机功能反而造成浪费。加上在上课或考试期间可能出现的突然系统崩溃、病毒感染、计算机无法启动等问题，不仅会浪费宝贵的上课时间，而且对整体教学秩序的打击也是巨大

的。而维修又费时费力，需要实验技术人员随时待命。因此可以说个人计算机给高等职业学院的师生和实验人员带来的，其实是投入、功能上的过度浪费和永无止境的"头疼"。

（一）高职院校信息化实验室的现状与问题

1. 高职院校信息化实验室的现状

如今，高职院校的互联网环境通常包含海量的个人计算机终端，其形态各异，部署位置遍布各处，且品牌众多。为了适应各种专业的独特教学要求，比如动画、图像绘制、模拟仿真等，高职院校需要购买不同配置的个人计算机和各种类型的软件。

各高职院校不仅需要投入大量的购买费用，同时还要预留充足的空间以容纳传统个人计算机的巨大体积，在执行过程中还必须有专门的人员、物资和资金的支持。

在负责管理高等职业院校的信息化实验室的过程中，个人计算机设备的维护运行问题通常是由实验室技术人员来负责处理的，有的学校也会让教师兼任这类工作。各种课程所需的教学软件各不相同，因此需要对大量的教学软件进行关注，进行必要的管理、保养及更新，以确保个人计算机设备能够顺利使用。对于实验室和实践教学室的管理，高职院校通常会从政策和技术两个角度来展开。在政策层面，高职院校会发布强制性的个人计算机使用规定，比如禁止随意开关主机、携带U盘进入、删除或修改桌面图标、更改桌面和系统设定等。在技术层面，高职院校会采取包括软硬件控制的策略，如在软件控制上，会安装防病毒软件和防火墙软件，限制对个人计算机功能的部分操作，选择手动Ghost还原系统等方式；在硬件控制上，会选择安装还原卡，手动更改硬盘入口、内存入口等。

在多媒体教室，PC的各类问题繁多且复杂。例如，教师使用的授课软件未安装，教室计算机系统突然宕机，还原卡无效造成电脑中毒失效，一名管理者需要监管多个教室的PC，并且为每台计算机准备多个克隆镜像等，这些问题不仅妨碍了教学进程，更对学校的维护管理人员造成持续困扰。

2. 高职院校信息化实验室存在的问题

当前的实验实训室和实验机房计算机管理方法存在以下问题：频繁出现违规行为，使管理规则逐渐空洞；计算机使用环境很难做好准备，在终端系统的维护上增加了工作量，这些都影响了教学的开展；定期使用系统还原卡容易导致计算机蓝屏或者无法操作，且不能实现跨网络的统一管理。此外，病毒库和补丁更新不及时，导致机房计算机的安全等级降低。

传统职业教育学院通常采用三种方式对信息化实验室的计算机软件系统进行管理。首先，选用虚拟机软件管理模式，通过服务器和PXE等协议，将桌面操作系统送至内部局域网的虚拟工作站，比如VMware Workstation，从而使计算机能够在虚拟环境下运行操作系统实例。然而，该方式可能会引致客户机性能下滑，并且有些软件无法安装。其次，可选择无盘系统管理模式，即通过服务器和PXE等协议，将桌面操作系统送至内部局域网的个人计算机，使个人计算机的硬件能够直接运行操作系统实例。但该方式的问题在于，所有数据都存储在服务器上，这对服务器的性能要求很高。最后，可选择使用还原卡管理模式，通过拦截BIOS的INT13中断，将FAT记录、引导区、CMOS信息和中断向量表等信息存储于卡内的临时存储单元或硬盘的隐藏扇区，并用之代替原有的中断向量表。该方式的问题是容易受到机器狗病毒攻击，无法管理不同硬件配置的PC，无法跨网段，并且当还原卡出现问题时，修复PC的难度会大幅增加。

对于设备管理、保养、升级等问题，高等职业学校的管理层和实验技术人员经常会不停地问自己：我们真正需要什么类型的终端设备？是需要不断更新、硬件性能优秀的个人计算机吗？

（二）桌面虚拟化技术概述

1. 桌面虚拟化技术

实际上，桌面虚拟化技术是一种基于服务器的计算模式，吸取了实体设备瘦客户端模式的优点，使得用户和管理员都受益。这种技术可以将所有桌面虚拟机集中到数据试验室进行托管和管理，同时，用户也能体验到全面的个人计算机使用感。简单来说，这意味着我们可以在任何地方、任何时间、通过任何设备访问网络上的个人桌面系统。

2. 桌面虚拟化系统

硬件和软件共同构建了桌面虚拟化系统，这是一个完整的集成系统。所有的虚拟桌面运算都在服务器端进行，终端和服务器之间的交互仅限于传输命令和展示图形，没有涉及真实数据的通信。

（三）在现代化实验室中进行桌面虚拟化技术的搭建与应用

1. 桌面虚拟化实验室的设计

桌面虚拟化实验室的设计如表6-1所示。

表6-1 桌面虚拟化架构和桌面

桌面虚拟化架构	客户端层	桌面虚拟化架构	统一升级	虚拟桌面管理	数据安全
	虚拟化业务分发层		个性化桌面		数据访问控制
			用户自服务		外设支持
	虚拟化基础架构层		负载均衡		多媒体支持
	硬件资源层		高可用性		终端支持

2. 桌面虚拟化实验室的实施

"桌面漫游"的工具赋予了教师能在不同的区域里，运用各种设备（例如个人计算机、笔记本、ipad、智能手机、云终端等）以便利的方式备课和教学。即便学生不在教室里，只要获得允许，他们就能通行课程桌面并沉浸在优质的学习环境中，同时可以借助电子书包访问桌面，使用桌面功能。替换用户名和密码后，教师和学生可以在实验实训平台上迅速切换到新的教学环境，最大化地利用实验室的设备。在完成后台管理和用户绑定后，课程资料将以桌面方式被全面保存；如果硬件出现问题，只需简单更换终端设备就能恢复工作。运用系统镜像的回滚或重启备份文件的功能，用户数据能在短时间内恢复，无须担心数据遗失。借助虚拟桌面的远程监控，教师可以确保学生在正常运用云服务的情况下，遵循行为规定。管理员可以根据监控日志第一时间定位系统问题。用户可以设定在指定时间和地点只能运用某指定桌面，旨在阻止他们做与工作、学习不相关的事情。有限数目的 USB 设备被允许接触机密数据，一个方案里支持虚拟桌面和虚拟应用，依据需求用户可以选择使用，设置方便，无须专业技能。

在现代实验室中，桌面虚拟化应用已经取得显著效果。

引入了桌面虚拟化技术的实验室，将会体现出以下几大优势：一是增强使用体验。通过实现移动化教学，任何类型的教室都能实现自由移动，不会因虚拟桌面系统的存在而受到困扰。二是提高管理效率。管理者可以统一掌控并操作计算机的操作系统和应用软件，集中指挥，统筹计算机的配置，大大缓解了管理员的工作压力，使教师和学生无可挑剔。三是降低成本。设定合理的构建和运营成本，同时保护了现有的机房 PC 投资，充分发挥本地计算能力。相比于传统的 PC+ 显示器模式，可节约 80% 的电费，所有设备均节能环保，符合国家规划。四是推动了技术创新。运用云计算技术，顺应信息技术发展的潮流，轻松搭建任何系统平台，如 Windows、Linux 等。五是保障了数据安全。可以实时备份各类数据，与终端完全隔离，规避了风险。六是实现了资源共享。追求标准化和统一化，其他终端能随时连接；所有资料共享，随时进行办公、学习，各校区、各专业的教学资料可轻松共享和参考。详细介绍如下。

（1）多媒体教室。

对所有教室桌面进行了集中处理，减轻了实验室管理人员的工作压力；数据快速更新，应用快速部署。无论更新多少台计算机，只需更新 1 台主镜像计算机就行；此外，多媒体教室允许在离线状态下使用，保障了网络中断时教学活动的正常进行。

（2）实验机房。

在 100 台个人计算机上进行数据更新跟在 1 台计算机上更新无异，无须复原卡对每台电脑进行网传；学生个体化的数据可以实现跨机漫游，信息不仅被限制在 1 台电脑上，还可以实现电脑的多功能使用；对于 Linux、Windows 系统的软件支持意味着终端部署多元化，无须经过 INT13 实现还原，系统的部署和计算速度都不受影响。

（3）语音教室。

根据教育需求，语音教室可以利用调度功能实现个性化和多样化教导。

（4）电子阅览室、教师办公区。

统一管理，无须烦琐维护，系统出现问题后可轻松复原，能迅速更新资料，并分发到每台客户机，不会改变教师的操作习惯，保持个性化配置，管理和维护过程简单而便捷，无须专业技术人才，不会削弱现有 PC 的性能。

应用桌面虚拟化技术之后，实验室的决策层终于确定了既经济又尖端的设备更新方案，年度设备替换和淘汰的烦琐事务不再困扰他们；教师可以随意分享教学资料，无论何时何地都可以轻松取得，无须为教案和材料的传递而不停奔波；学生享有便捷使用学校众多资源的权利，无须为计算机速度慢或受病毒影响而抱怨。实验室管理员能够及时处理各种突发状况，摆脱繁忙的工作和无休止的投诉。桌面虚拟化技术为数字实训平台构建了坚实的防火墙，也为学校的长远发展奠定了稳定的基石。

二、采用云计算技术的现代化实验室

对于商业组织对创新及应用型人才的迫切需求，我国高等教育系统已经推出了一种有实效的人才培养策略，即当前全球较为先进的创新及应用型人才培养方式——实验实训。然而，从实际效果来看，实验实训并未达到高职院校预计的教育与就业无缝对接，提升学生的实际操作和设计分析技能，满足商业组织对创新及应用型人才的具体要求。探究其原因，尽管高职院校的教育理念和教学方法虽然经历了巨大变革，但仍然缺乏适当的方式和手段将这些理念落实到教学实践中，也就是缺少性价比高的现代化教育技术和充足的教学资源，使教育理念和教学实践有机地结合起来。

（一）高职院校实验实训面临的问题

1. 实验实训管理者视角

在资源方面，实验实训室的建设投入较大，电力消耗不小，且多数计算机配置过于豪华但利用率较低。在管理方面，学生在实验实训过程中游戏、任意调整电脑软件设置、增删系统文件、改动注册表等行为给实验实训室的常规运营带来困扰。同时，学校实验实训室通常会选用 GHOST 软件，装还原卡或使用还原精灵进行系统保护，但若要重新安装系统、更新和添加软件、查杀病毒等，就需要投入大量的时间，工作压力巨大。

2. 实验实训使用者视角

教职人员和学生需要在学院的实验室和训练室内进行实验和实际技能培训。然而，根据实验室与训练室的开放时间和人员数量，他们的实验和实际训练时间受到一定限制。因此，即便他们手上有台式计算机、笔记本电脑、平板电脑或手机等各类数字设备，也不能在远程环境中使用各类实验和实际练习资源。教师们期待能在家中或者办公室对学生提交的实验和实际训练作业进行批阅，并对学生存疑的问题进行解答。此外，对于大量的在职学生，如成人教育学生以及在职研究生，他们也希望建立一种学习模式，能够随时随地利用学院提供的实验和训练资源。

（二）云计算技术概述

1. 云计算的概念

云计算的基本观念是通过网络互联并统一掌控大量的计算资源，构成一种可以按需应对用户需求的计算资源库。该资源库可以与电网和水务系统进行比较，用户不必在意资源的来源或者提供者。用户的需求被虚拟化为计算，在用户视角中，使用云端的数据资源和计算能力就如同使用电力和水资源一样便捷。云计算是一种科技理念，也是一种商业模式的体现。

从技术的角度来看，云计算等同于虚拟化技术和集群管理的结合；从商业的角度来理解，云计算就像是信息产业的电厂。

云计算主要由 SaaS、PaaS 和 IaaS 三个等级构成。SaaS，也就是"软件即服务"，允许用户不必购买软件，只需借助如浏览器这样的瘦客户端，在各种设备（包括台式计算机、笔记本电脑、平板电脑等）上使用服务商提供的、运行在云计算基础架构上的应用程序即可。PaaS，又称"平台即服务"，将编程语言和工具以 SaaS 的方式提供给用户使用。IaaS，也就是"基础设施即服务"，为用户提供包含硬件和软件资源在内的全面的计算机基础设备服务。

2. 云计算实验实训室

硬件设备、应用平台、基本应用软件、教学材料及连接端口共同构建了云计算的实验培训执行平台。其特征主要包括：利用云端的数据存储能力确保实验和培训的数据以及成绩无须备份且不会丢失；通过云端软件确保模拟软件无须人工维护更新且能自动更新；根据需求提供服务，按需分配实验和培训的计算资源，按需购买；经济性强，早期软硬件的投资成本大大降低，运用和管理的花费较少；节省资源，设备的使用率高，能源消耗低；便利性强，打破了时间和地点的束缚，可以执行远程实验和培训，并能实现联合实验等功能。

（三）云计算在实验实训室中的应用

全套的解决方案对于云计算实验实训室来说主要包括：首先，使用先进的64位弹性框架建设云基础平台（PaaS）；然后在此平台上，构建协作实验和实训应用系统（SaaS）；同时，创建动态资源库，以便实现对服务器等硬件资源的动态调配（IaaS）。借助完整的云平台（PaaS、SaaS、IaaS）构架，高职院校可以完全解决现阶段实验实训室面临的问题，同时革新实验实训的应用方法。

云计算实验室环境的技术实现包括以下几部分。

1. 构建基础架构即服务层（IaaS）

IaaS坚持的理念有资源的集中化、共享和动态管理。该方法能够使计算资源得到更高效的利用，从而提高设备使用率，同时简化计算资源和存储资源的管理难度，达到资源共享的目的。此外，IaaS还可优化信息生产效率，提升系统的可依赖性和有效性。

IaaS的功能是把服务器和其他硬件资源相融合，形成一个活跃的资源库，该资源库能按需求动态为各种应用程序提供服务。如果任何应用系统在高流量时段需要更大的支持，可动态为其提供更多的硬件资源。然而，一旦高峰过去，将自动回收过剩的资源并转为服务其他应用系统。在晚上或者假期等非工作时间，如果有大量的硬件资源闲置，系统将自动关闭这些闲置资源以延长其使用期限并节省能源。如果资源库中有任何服务器出现故障，其他服务器将会自动接替其服务，确保从不间断，极大地提高了系统的可靠性。

2. 构建平台即服务层（PaaS）

PaaS，一个科技先进、理念先进的系统架构，作为一种开放互联型的应用服务平台，不仅有解决数据的交流和信息孤岛问题的能力，还能实现资源的融合和共享。PaaS更有前瞻性地适应各种需求变动，根据需求变化进行相应调整，且快速在该平台上推出种类丰富的实验实训应用，同时，保证了这些应用的有机融合，能够实现创新集成，以获取最大收益。PaaS涵盖了统一管理服务、安全服务、数据管理、建设标准、相关规定和法规体系，避免管理过程中的混乱；借助云服务中间件和云聚合中间件，为统一用户认证、权限管理、单点登录在信息共享交换过程中的实施；统一且开放的信息发布层（如实验实训云门户、虚拟化社区）；提供基础的软件和公共服务和标准接口，使无代码开发工具和代码开发工具的快速开发，以适应应用改变的需求，为持久的发展提供技术支持。

3. 构建软件即服务层（SaaS）

SaaS是在PaaS的基础上构建的，它拥有基础服务平台的全部功能。

例如，统一开发规范、深层数据集成、灵活的架构，以及梯度延伸的标准接口等。借助一流的云技术，所有应用都开始抛弃仅在数据层面的整合，转而实现在业务应用层面的融汇（也就是技术与实用训练深度结合），从而提供更好的使用体验。该软件利用模块化设计，基于 PaaS 进行新的应用系统的扩展以及开发；对老旧系统进行梳理，抛弃那些冗余的部分，保留精粹，然后进行整合。随着未来业务种类和用户数量的增多，系统能够顺利无缝升级。

（四）云计算对实验实训的意义

1. 创新实验实训模式

高职院校可以将先进的云计算技术和实验实训紧密结合，打造协同实验实训的新模式，解决传统实验实训所面临的挑战。这样，高职院校不仅能实现对实验实训思想、观念、方法和方式的全面创新，也能提高实验实训水平，更能推动公正公平地利用实验实训资源。

2. 优化实验实训环境

云计算实验实训室平台不只是一个科学且合理，开放并互联的应用服务平台，其系统构架也可使数据顺畅无阻地实现互联互通，消弭信息孤岛，达到资源融合与共享的目的。另外，它也显示出卓越的灵活性，能预测未来需求的增长，允许依需求变动在此平台上迅速开发并建立各种多元化的教育应用。同时，该平台也确保了所有应用的内在协调性，整合创新，以便取得最佳效果。

3. 共享实验实训资源

云计算实验实训室平台不只具备共享功能，同时也是一个实时交互、共同构建资源的协作平台。该平台提供了深度整合的跨平台、跨数据库服务。通过标准接口，各系统资源能够在云资源系统中统一存储和管理，保证了资源的单一性，避免了数据库的过度膨胀。

互联网核心技术之一即为云计算，它是未来互联网的关键。通过采用云计算技术，高职院校能顺利解决目前实验训练室的发展问题，从而更新中国高等职业学院的实验教学方式。相信教师和学生在使用云计算进行实验训练时，如同使用水、电、气一样方便和快捷。

第七章　高职院校实验室队伍管理

管理实验室队伍同样被视为实验室内人力资源的管理。在打造和管理实验室过程中，人员因素受到了高度关注，实验室队伍作为最具活力和生气的核心部分，其整体质量对于实验室的建设与管理起至关重要的作用。实验室内新技术、新产品和新的发现转化为社会价值的过程，需要人们的创新能力来驱动。人力资源的价值逐渐被全面认识，已经成为最富有战略意义的"主要资源"。

第一节　实验室队伍管理概述

一、实验室队伍的概念

实验室队伍在广泛上包括从事实验教学和科学实验的教育工作人员、研究员、实验技术工作人员（包括实验室技术员）、实验室管理者和参与实验研究的研究员。总的来说，与实验室操作和管理有关的人员都在实验室队伍的定义之内。这些人员中，有的是长期的，有的是短期的；有的是稳定的，有的则是流动的；有的专注于实验教学和科研，有的则负责实验室的管理和服务工作。因此，实验室队伍是一个不断变化的集合。

实验室实际上是一个多元化且综合的系统，其中人类是系统的核心和关键动力。各个层面的实验室管理，包括教研管理、技术应对、行政管理，还有规划与购物管理，都需要人的参与，自然会涉及对人的管理。所以，用最基础的方式来看待，实验室管理其实就是追随以人为主导的管理活动。

管理实验室队伍的核心就在于通过任务分配、人力资源规划、招贤纳士、员工指派、表现评估、员工激励、薪酬见功、员工培养及员工福利等各项关键管理措施，努力在机构和实验室队伍之间建立良好的人际关系，以实现机构目标与实验室工作人员目标的统一。这样做可以提高实验室工作人员的积极性与创新性，从而有效地达成机构既定目标。

经过对实验人员的深度访谈调研，笔者发现认为日常任务单调、乏味，案头工作缺乏吸引力的人员并不少见。那么如何调用、激发他们的潜能呢？方法就在于丰富工作职责。实验室管理者需负起这个责任：使每个实验人员的工作内容多元化。工作多样化的表征：通过改革实验室的管理体制和工作流程，使实验人员认识到工作的价值和重要性；通过各类型的培育计划，使实验人员感受到上级的关心；使实验人员获得工作回报，见到具体的工作果实，进而认识到此岗位有充分展现各种才华、技能的空间。

二、实验室人才的劳动特点

科研和教学是复杂的脑力劳动，尽管它与普通的脑力劳动有相似之处，但却有很大的不同，尤其与体力劳动有显著的区别。实验人员的工作性质是建立在实验用具的使用、效能评估、政策法规等理论基础之上的。如果我们从科学的历史发展和实验室在现今社会的地位和职责来看，那么实验人员的工作则表现出以下六大核心特征。

（一）创造性与探索性

实验室劳动本质上是创新的过程，这也是其最核心的特性，其他各种特性都源于此。创造性的行动就是为了发现新的理念、新的原则、新的法则，甚至新的发明和设计，而这些都并非简单的复制或重复，因此，有人把创造性视为实验室的心脏。相较于体力劳动通常只能带来数量的增长，科学研究则应带来质的变革和突破，从这个角度看，它和一般的重复性脑力劳动也有明显的区别。

劳动作为人类生存和地球变化的核心力量，自古以来就呈现为精神和物质两种形式。根据劳动输出的独特性和价值，它可被划分为重复性、探索性和创新性三个层次。重复性劳动主要是基于祖辈和现有知识的复苏；探索性劳动则是通过在已有知识架构上取得进步；创新性劳动是以技术或理念的重大突破为标志，实现了领域内质的飞跃，为人类文化进步做出了巨大贡献。精神劳动主要集中在探索性和创新性层面上。实验室劳动可以被区分为"制造""开发研究""应用研究"和"基础理论研究"，并对重复性和探索性的变革进行了创新性的深化发展，其比重越来越大。实验室劳动的创新和探索是支持其一系列其他特性的基石，其中，创新主要体现在基本特性和成果上，而探索则更多地体现在整个过程中。

（二）复杂性与艰苦性

科学研究和教学所展现出的探索和创新精神，使其性质变得复杂且困难，需要特别提醒大家注意这其中的含义。科研创新如同在茫茫荆棘中寻找新的出路，相较于一般的体力或脑力劳动，它并非简单地重复事物，而是需要科研人员年复一年、日复一日，忘我地探索才能获得突破。在这条探索之路上，科研人员经常会感受到"群山环绕,水波荡漾,创新之路难行"的压力。既要长夜未眠地守在实验室里观察,又要时常浸淫在深思熟虑中。因此,只有那些敢于应对困难,勇敢攀爬险峻山路的实验室工作人员,才能登上创新的光辉巅峰。

现代科研与教育范围的不断扩大和知识量的快速增长,使得研究者必须为求真知不断前行,始终不懈以追求持久的成功。近年来,"知识爆炸"一词充斥在人们耳边。早在1944年,美国一位图书馆管理员首次探讨了这一趋势,他通过分析美国大学图书馆藏书的增长速度,得出结论:每十六年,这些图书馆的藏书数量就会翻倍。后续,美国科学历史学者德里克·普赖斯以科学期刊和学术论文为研究对照,他察觉到,在每五十年间,科学期刊的数量能增加十倍,学术论文的数量也在这个量级内。这个发现促使他提出了科学期刊数量按指数增长的观点。他强调,这种现象与科学知识急速积累是直接相关的。同时,知识更新的速度也在加快,知识寿命在变短,这就要求研究者在探索知识的过程中投入更多精力和付出更大代价。所以,许多研究者宁愿舍弃生活中的各种乐趣,全心投入图书和实验室的研究工作。当前,科学已经发展成一个庞杂而复杂的大系统,美国国家研究会和联合国教科文组织的统计数据显示,基础科学拥有超过500个主要专业,技术科学也有412个专门领域。目前已有2000余个学科,种类浩瀚如海。这对实验室工作人员无疑提出了新的问题:如何更新自己的知识和调整知识架构?如何准确选择自己要突破的领域和项目?所有这些对比先前都显得更复杂、更困难。

实验室劳作的困难和辛劳背后隐藏了一种意义,那就是失败比成功的概率大得多。在科学历史上,我们通常会赞扬那些取得成就的人,然而,即便这些成功者也是基于一连串的失败才终于尝到成功的滋味。全面看待科学的进步历程,科学家经历失败的次数远比成功的次数多得多。爱因斯坦在他生命的后期,将超过三十年的时间投入统一场论的研究中,那时他的健康已经大不如前。他坚韧不拔,坚持到生命的最后一刻,依然执着于这项具有创新性的任务,最终却未能如愿。据统计,93%的基础研究并未产生实质性的成果;甚至在应用研究中,也有10%的工作没有达到预期目的。因此,我们不能单纯地以成功或失败来评价一名科学家的价值。如果一个人能通过自己的失败帮助其他人明白某条路不可行,从而节省了他们的时间和精力,那么这也是对科学的一种贡献。只要不是一败涂地而无所适从,失败并不可怕。

科学代表着探险,代表着寻求不同,代表着创新,代表着对过时看法的对抗。在此探索之旅中,我们不只会受到自然力量的反弹,亦会承受大众舆论的诋毁以及习惯力量和传统力量的攻击。这是因为人们倾向于用自己的旧有观念、通用知识、权威和现有的结论去理解和评价科学的新发现和新学科。因此,我们可以断定，投身于科学需要不凡的决心和勇气，在逆境和困阻中砥砺前行。

（三）个体能动性

科研活动并不只是例行公事的重复劳动，尽管集体工作在其中是常态，但个体的研究和创新仍是基础。实验室是智力的极致展现，个体智力的潜力极为惊人。哈佛大学教授威廉·詹姆士的统计研究显示，如果一个人对某项工作充满热情，那么他可能会释放出 80%～90% 的潜力，反之，可能只会表现出 20%～30% 的能力。管理者需要认识到并充分利用这个原理，提升个体的主动性和能力。这种主动性也体现在每个人的独特性上。我们不赞成"天才史观"，而应该承认每个人都有其独特之处。苏联物理学家列·德·兰达乌曾经制定出一个分级系统，他把物理学家分为五个等级，每个等级间的差异极大。根据他的说法，只有爱因斯坦才能入选第一级，而鲍尔·海森堡和狄拉克只能在第二级。这个等级不仅看重他们的研究成果，更重视他们的创新性和对新事物的拓宽度。我们反对科学教育中的均质教学和只重视学术资历的观念，是为了尊重每个人的个性差异。

（四）连续积累性

科学探索和教育的价值在于其深度与质量，而非简单的时间和数量的累积，同时并不能随意中断与重启。例如，欧立希研制"六六六"杀虫粉，他并未在前 665 次的失败面前屈服，而是第 666 次的尝试后终于取得了胜利。倘若他提早放弃，似乎真的就失败了。在科学的研究过程中，当处于深度思考和热切激情的状态时，任何微不足道的干扰都有可能扼杀科研人员的创新火花，使其无法再次燃烧。这种灵感的产生更像是长期创新活动的结果，如同熟透的瓜果自然而然地落下。若实验室人员缺乏对一个问题的持久追寻，那么他就无法积累起他的劳动成果。

实验室的发展是对前辈和他人成果的扩展，同时也是个人科学知识的增长过程，其本质上是信息的传播和积累。资讯在当代信息传播中起重要作用，对于实验室人员来说，资料是完成实验室任务的必要素材。

（五）求疑竞争性

科学之魂即是不停止的追问，在科研之路上，疑问和竞争的存在对保持科学创新起决定性作用。任何固守陈规的行为都无法激发创新。所以，许多重要的科学发现和突破都源于对现有理论的质疑和竞争态势，这就证明质疑是科研过程中不可或缺的环节。"真理出于争鸣"是对科技发展有正向推动力的理念。因为个人经验和社会模式等多重因素的影响，每个科研人员都有自己的观点和立场，甚至发展成不同的学派，而学派间的争论也是质疑和挑战的表现。有研究指出，19世纪科学飞速发展，几乎每一个重要的科学问题上，科研人员都无法达成共识。在物理、化学、生物等领域都有不同学派之间的理论争辩，而这些争辩中的部分被否决，部分获得改良，有的则催生出新的思想和理论。新的科学领域在质疑和争论中得以展现，人们对真理的理解因此得以提升。所以，科学的争鸣被誉为"科学创新的激活剂"。而对于科学的质疑，爱因斯坦曾指出"科学的前进和一般的创新行为的推动，还需要一种被称作内心的自由"。在精神上享有自由意味着在思考时不为权威和社会观念所束缚，也不为与哲学逻辑相冲突的习俗和规则所限制。为了推动科学的进步，我们需要提倡学术研究的自由。这种自由包括不能通过行政首脑式的指令进行裁决，也不能只按多数人的意愿决定，更不能将某位权威科学家的看法作为评判标准。

（六）集体协作性

在科学研究鼎盛的早期，科研人员常常孤军奋战，独立进行研究或是带领几名助手开展研究，这是实验室以个人为主的时代。然而，自19世纪起，许多科学家开始强烈感觉到，个人努力已无法满足科学发展的需求，从而促使科研人员间的学术交流更加频繁，一些联合实验室活动自然而然地产生了。到了20世纪30年代，学科的高度分化需要多个学科进行深度融合以解决某一技术难题，这导致实验室的规模增大，问题的复杂度提升，并出现了跨国甚至全球范围的实验室组织与活动方式。

1937年，德国在贝尼明恩迪设立了全国火箭基地，并集结了2000余名来自不同领域的科技专家，他们凭借3亿马克的资金制造了4000枚V–1、V–2型的导弹。1942年，美国动员了18万名科技人员，其中仅物理学家就有1400人。他们花费了220亿美元和全国的电力，实施了一个广为人知的科研项目——被称为"科学交响乐团"的"曼哈顿"项目。

随着科学研究规模的持续扩张，科学进步呈现高度集成的趋势。这要求科学家在进行某一实验室项目时，需要进行多个领域、多个专业的综合协作，有时候他们合作的规模和范围已经超出了国家的边界，构建了全球性的实验室研究。比如，1957年7月至1958年年底，有66个国家的机构进行了"国际地球物理年"的考察活动。近年来，100余个国家和地区共同参加了"全球大气研究计划第一次全球实验"的研究活动。

在当今的"大科学"盛世之中，科研工作者必须打破专业和学科的边界，共同推进科研工作，以满足科研实验室的需求。为了优化整体效益，必须做好各类人员的协调工作，使每一个人或小组都能够发挥最大的潜力和能力。近期的研究趋势显示，多人联名发表的科研论文正在增加，这进一步凸显了团队合作在科研领域的重要性。根据美国《化学文摘》的统计数据，1910年，单一作者撰写的论文在全部论文中占比超过80%，然而到了1963年，这一比例减少至32%，同时，两位作者和三位作者撰写的论文占比分别增至43%和15.5%。

科学研究的团队化运动，并没有削弱个体的主动性，事实上，这是在重视系统性效果的基础上，提升个人的主动性。如果把个人的工作看作实验室内活动的微观要素，那么集群化和社会化的工作就相当于科学活动的宏观结构。为了实现这个目标，高职院校要管控和调整实验室的运作，优化实验室的协调工作，提高学术交流的频率，关注集体目标的完成，以及培养科技工作者的团队合作意识。

以上实验室人员工作的六项基础属性，尽管在对待不同的学科和专业的实验室人员的描述程度上存在差异，然而，从大体和宏观层次来看，科学技术应该具有共同的特征，这些特征构成了实验室人员管理和科技政策的理论基础。

三、实验室的职业结构

实验室是以研究人员为中心，并以科研、教育、实验和开发为主导任务的集体。如同任何其他社会集体，研究人员由各种不同领域、能力、特色和年龄层的人员组成。这些人员在实验室里并非独立行动，而是共同协作、互相联系、共同努力。因此，实验室人员之间有一定的组织结构。

考虑到不同实验室的特点和职责各不相同，因此不存在一种适用于所有实验室人员组织架构的全覆盖模型。然而，我们可以通过差异比较，分析各个实验室的人员配比和组织构造，以此找到诸多适用的原则。实验室就像一部机器或者一个生物体，所有部分必须相互配合、相互作用。对实验室而言，这些"零件""部分""器官"其实就是它内部的组成要素和人员，以及各类实验设施。为满足管理、研究、设计、开发、测试、推广和后勤等各种实践需求，实验室人员结构应当具有完备性。因此，实验室人员布局形成一种复杂系统。通常，实验室人员组织应在不同职业、专业、科技水平和年龄的比例上得以反映，也就是说，实验室人员生态应是一种多元的构造。

实验室的职业框架不仅限于实验室人员，还包括其他专业人才、行政管理人员和后勤人员等，所有成员共同为实验室的发展服务，并对实验室的主要研究任务有深入的理解，以进一步推动实验室的战略目标的实现。每类工作人员在自己的专业舞台上都有明确的责任，例如，技术人员必须掌握仪器设备处理、修复和装配技巧，以弥补实验人员在技术操作上的不足。行政管理人员应熟练使用管理方法，并略懂各个宏观和微观的经济、技术、社会和政治情况和特性，以便有效地制定管理决策和支援科研任务。后勤人员需要理解技术人员和行政人员和科研活动的各类需求，并提供相应服务，以满足实验室后勤方面的需求。重要的是，一般的实验人员可能并不熟悉行政管理和社会经济等领域，因此，实验人员并不能代替行政人员和后勤人员。同时，职业的区别只是专业分工的不同，高效的行政管理人员和技术人员的贡献不小于实验人员。

被定义为各类学术领域的特性的体系，从实质上是说，在一个实验室环境中，除了主要的专业人员外，还要包含一定数量的辅助专业人员。即便位于同一专业领域内，也存在各种不同的专攻技术需求。例如，一个地学实验室除了需要具备自己领域的研究人员，也需要配备负责检查和维护试验设备的人员，以及负责电脑操作和维护的人员。此外，还需要一些从事社会科学研究的人员，如专注于自然科学历史的研究人员，以及研究自然资源经济收益的经济学专业人员等。这些人员没有必要配备过多，甚至可以一人担任多个职务，但一定要有这样的人员参与。不同的学科时常互相交织，例如海洋学、地震学、气象学等地球科学，常常需要其他学科在同一实验室中的支援；再如在石油、煤炭等实验室中就不能缺少地质学的支援。所以，一个研究机构里的学科专业组成非常复杂，工作岗位的配额也无法设定具体的数量，应根据自身状况和需求进行适当调整。

一般而言，所谓的职工级别差异，现在主要是指科研领域中的高级、中级和初级人才。这三种类别的科研人员在实验室中都是必不可少的。这是因为高级研究员能够利用他们深厚的经验和高级别的专业知识，承担科研教学的战略研究和管理任务，对研究项目的设立和评估提供权威意见，并在培训初级和中级人员的过程中发挥重要作用。中级研究员是引导具体科研教学项目的核心队伍，他们主要负责对初级人员进行直接训练。而初级研究员则参与实验室工作的实验、观察、计算等大部分具体研究任务，他们也是为实验室未来的工作提供强大支持的关键力量。所以，这三类人员是互相补充的，并且任何一类人员的过剩或者短缺，都将引发资源的浪费，也会降低实验室工作的效益。这三类人员的配置比例会根据实验室的任务不同而发生变动，但大体上呈现出高级人员较少，初级人员较多的格局。例如，在侧重理论的实验室中，高、中、初级研究员的比例可以是1∶2∶4，而在应用性强的实验室中则可以达到1∶3∶9。总的来说，任何一个实验室都应该有若干高级研究员，以便推动整个实验室的工作进程。在一个研究小组中也应该至少有一个中级研究员，他们需要与一些初级研究员配合，共同完成研究教学任务。

所谓实验室的年龄结构，就是指实验室内各年龄段（比如年轻人、壮年和老年人等）的占比。研究发现，在实验室中年龄为35~45岁的科研人员创新能力最强。虽然老年科研人员的创新能力可能会降低，但他们的创新力依然存在，实验和社会经验的丰富程度，以及在实验室团队和社会中的领导地位（如行政领导、后勤人员等）更是无人替代。

实验室工作任务的差异也会影响年龄结构，但通常呈现出随着年龄增长而逐步下降的金字塔型布局。如果以35~50岁作为年龄分段的标准，将年龄划分为老、中、青三个阶段，那么这三个阶段的比例在1∶2∶3的范围内进行调整则较为合适。

第二节 实验室队伍的管理与开发

《幸福》杂志在美国和日本进行了一项关于成功与失败组织的比较研究，其研究结果揭示出几乎所有成功的组织都有五个通性：①高度重视人，尊崇个人；② 对员工需求的频繁评价；③ 优先考虑公司内部沟通；④ 特别关注员工未来发展的规划；⑤ 严肃对待优秀人才的选拔和培训。

实验室的核心资产正是其人才。实验室工作人员蕴含着无尽的潜能等待被挖掘，对他们进行有益的管理与培育，以及提高他们的品质和技术能力，有助于他们释放出内在的潜力，推动实验室发展，并进一步实现个人价值。包括但不限于：编制个人与单位发展计划；投入并执行培训和进修教育；为实验人员规划职业道路并合理运用人力资源；通过上述过程提升实验人员的专业知识、技术实力、管理经验以及价值观。

科研团队的培养与进步以两个主要目标为核心：首先，提高团队成员的智力水平；其次，催发其职业活跃度。这两个目标构建了人才开发的双重任务，其实际效果能被"智慧和活跃度的积等于产出"这一公式所揭示。视人才开发的主要参与者不同，此过程可被划分为三个层面，即通过教育与训练来壮大人力资源（微观角度），在实践过程中增强领导及管理技能（中观角度），以及借助政策手段来充实实验室人才库（宏观角度）。

一、实验室队伍管理的策略

现代管理方式把人放在中心位置，采纳"以人为本"的管理策略。管理的首要目标就是使资源得到最有效的整合。管理其实就是通过他人的力量，成功地完成所有任务。实验室队伍管理和发展所涉及的管理区域包括：人与工作的匹配、个人的需要与奖赏的均衡、人际关系的和谐，以及任务之间的配合。

（一）任务为主式队伍管理策略

重视成果表现；注重工作人员规划、工作重塑及定期工作检视；强调有形的奖赏制度；进行公司内外招聘；推行功能性技能培训和专业多技能培训；利用正规流程处理劳资矛盾；高度推崇企业文化；将绩效管理规定提升到优先的地位。

（二）转向式队伍管理策略

执行对全体机构和事业产生重大影响的结构性改变；实施员工裁减，降低支出；从外部招聘行政高管；进行行政人员的团队协作培训，树立新观念；颠覆传统文化。

队伍管理和发展在实验室中的最高追求：以实现组织的目标为导向，通过获取、整合、激发、调整和开发人力资源，履行其最主要职责。打造招聘、任职、培养和留住人才的管理体系。

二、管理和发展实验室队伍的基础规则

管理和发展实验室队伍是实验室运营的核心要素。科学研究这种独特的社会生产活动，其运行过程通常基于三个基础因素：①实验室人员的科研工作；②实物型的实验室用品，诸如设备、零部件、原材料、能源和工具等；③知识型的实验用资源，如书籍资料、数据信息等。

这三种要素里，实验人员的工作投入对实验结果起到了积极、重要且决定性的作用，是其他要素实现功能的基础。因此，实验成果的产出，主要取决于人才的有无。缺乏人才，以及人才缺乏积极创新的工作态度，实验成果的产出便会受阻，可能无法产出或产出质量低。科研教育是特殊的社会生产过程，它既需产出研究成果，也需培养新的人才。实验室人才不仅是实验室成功的关键因素，也是实验室重要的成果之一。因此，实验室对人才的管理应当遵循科学发展的规律与人才成长的规则。在此基础上，实验人员的管理应该遵守以下七个基本准则。

（一）使用上的能位原则

"能"这里表达的是能力，"位"则意味着特定的角色和职责。换言之，"能位原则"就是根据每个人的能力将其置于最适合的角色和职务中。实验室的工作效率、工作人员能力的表现和提升，都与执行"能位原则"的程度有直接关系。这种原则之所以存在，是因为每个实验人员有其独特的优势和不足；他们所具备的科学知识和技术能力，都拥有某种专业度。所有的科技职务，都需要一定的专业知识和技术技能。如果实验人员的专业技术和能力与其工作角色不吻合，那么他的潜力就会被忽略，从而导致资源的浪费，这将阻碍充分利用各人的才能和资源，也会对科研工作产生消极影响。值得注意的是，除了考虑能力与岗位的匹配，实验室负责人还需要关注其与职称的匹配。在我国，很多实验室的职称和证书都属于"位"的部分。在某种程度上，实验室的各种学术职称和证书代表了实验人员的能力等级，体现了他们在实验室工作中的地位。如果一个实验人员有足

够的能力承担副研究员、研究员或者学术领袖、项目主管等角色，但实验室负责人仍然让他作为助理研究员或者做日常的琐碎工作，这同样阻碍了人才的充分利用，也会对实验室的工作以及科学研究的进步产生消极影响。

（二）管理上的动态原则

我们可以这样阐述这个观点：人才不应永远被困于有限的环境之中，而应按照他们的能力成长和科学进步，让他们在更大的环境里合理流动，以在特定条件下给予实验人员足够的自由。

这种实验室人员的流动须具备以下必要条件。

1. 人才成长的要求

实验参与者的主要特质是创新能力。创新的高效和学术思维的活跃度是呈正相关的，人才的流动有助于激活学术思维，防止思维固化，增强创新能力，以此推动人才的成长和发展。

2. 现代科学发展的要求

科学发展的关键因素是科研体系变革须适配实验室的管理方式。自20世纪50年代以来，现代科学演变出的发展模式呈现出分散而又集中的特性，其中，全面性和整体性已经成为主导趋势。过去那种依赖单一科学领域的局面已变得难以为继。各学科开始相互融合，一系列新兴的交叉学科，如边境学科、联合学科、跨界学科等越来越受到重视，这已然构成了现代科学扩展的主要方向。在这一新形势下，实验人员常常面临知识覆盖面过窄和知识陈旧化两大挑战。解决这些问题的有效策略是给予实验人员一定的自由度，在适当的情况下允许他们灵活流动，使他们产生各种知识的交融，实现学科间的"互利共生"，进一步提升科研人员的创新能力和推动科学进步。

（三）政策上的宽弛原则

实验室研究者的管理策略主要根据实验室的工作特性来确定，通常是较为宽松的。这是因为实验研究是创新性、探索性工作，不同于确定性、已知性和可重复性的物质生产性工作。实验工作充满不确定性，无法强制规定科研人员必须取得特定的成果。科研人员的研究自由不应该受限，不能建立"禁区"去限制他们的研究范围。科研人员需要有足够的创新空间，要实行学术民主，活跃学术思想，消除心理障碍。另外，科研人员的知识是他们的私人财产，不能被别人获取或剥夺。他们的工作成果是独特的，可能以发现者的名字命名。因此，对科研人员在使用、管理、经济、政治和工作方式及环境等方面都应尽可能采取宽松的政策。

（四）系统运筹、注重群体效果的原则

在众多实验室系统元素中，实验人员是最具活力的一环。为了实现实验室系统的共同目标，实验室负责人不仅要重视使用每一个实验人员，更要站在全局的角度，对每一个实验人员的能力进行优化开发，以实现整体的优化升级。

从现代系统分析的角度看，个体的成功或进步，并不意味着整体的胜利或突破。

因此，从管理角度出发，合理使用实验人员，即需要规划他们的职责定位，以便他们能对整个目标贡献出力，而非在特定项目中突出某个个体。重要的是强调整体系统的最优化效能。通常，实验人员容易以专业或学术视角开展他们的工作，然而他们往往忽视了从组织目标和功能的角度来看待这个问题，一味追求论文发表、提升学术成就。因此，集聚实验人员的机构需要在实验人员关注专业建设的同时，保持对实现组织目标的积极投入，即完成科研任务，这决定了实验室任务是成功还是失败，也是培育一代新英才的基础。总的来说，从管理角度看，不同的职位有各自的职能目标，每一位实验人员都应在达成组织目标的基础上，展现自己的智慧。而领导层的任务，则是着手优化每个实验人员的创新能力。

（五）用其所长、人尽其才的原则

在注重大局效果的同时，不能忽视对个体的优化使用，这是确保大局效果的根本要素。若要充分发挥实验人员的优势，尽显其才，必须在系统的策略运作中达成。每个实验人员的才能各不相同，但每个实验人员都有优点和不足，如果施以错误的用人之道，就可能将其视为"无用"，然而正确发挥其长处，就可能将其视为"难得人才"。领导层要发挥每个实验人员的作用，管理科学从不认为世界上存在废弃之人，人力资源管理也是这样。要发扬优点，规避缺点，这是用人的基本准则。

实验人员经过专业训练后才具备所需的专业知识，这样的专业知识是现代社会的无价之宝。管理层使用实验人员的首要任务是利用其专业知识。若不发挥他们所学的专业知识，那就等同于人才的巨大浪费。因此，管理层使用人才长处的第一步就是充分利用实验人员在其专业领域的优势，实现专业对口，这样才能充分发挥人才的优势。

（六）弹性管理、激发创造性原则

科学探索是极端复杂且难以理解的创新行为，历史上的众多案例再三彰显，管理科研人员必须具有足够的灵活性，以应对实验室探索的特殊性，处理在探索过程中出现的新问题，极大地激发实验人员的活力和创造力。

不论是任务规划还是时间管理，实验参与者的工作配置都要有一定的灵活

性。特别是那些基础理论深厚的课题，科研人员应得到更多的自由与更大的灵活度，严苛的监控会破坏他们的主动性和创新精神。

关注科学进步的连续性对我们是必要的。大批的研究所成果来自多领域、多学科的知识互融，部分是在多个学科交叉点上进行的前沿探究，还有些衍生自其他领域。这为科研人员提出了广泛的科学知识基础的需要。一个实验人员，如果拥有丰富的知识以及牢固的基础，他的适应性会更强。反之，他的适应性会不足，即总体的灵活性较差。在科技发展日新月异、知识更新频繁的现今，这一观点尤为重要。据统计，近十年的人类知识总量已超过过去两千年的总数，知识更新周期已由三十年缩短到五年。为了保持科研人员的创新性，使他们具备良好的适应变化的灵活性，管理层应当高度关注实验者的智力发展以及整体灵活性。

总之，在对实验人员实行柔性管理的情况下，他们的优势才能得到最大化的发挥，决不能过于严格和僵硬。

三、激励——实验室队伍管理与发展的关键

尽管实验室管理的目标和职责有很多种，但是实质上仍是管理实验人员。这是因为实验人员是实验室的核心组成部分，他们是实验室管理系统的基础。因此，对实验人员的管理是实验室管理的重要内容。

实验人员秉持着强烈的自尊、自信、好奇和进取精神。他们不跟随大众追求流行趋势，也不盲目服从制度和规则，而是依靠自身坚定的信仰、创新思维和实事求是的态度，进行知识革新、技术新发展、产出转化和培训新人等多方面工作。因此，他们的探索创新活动需要一个民主和谐的环境作为支撑。

在管理流程里，领导者主要是通过激励手段调动组织内部成员的积极性。一般来说，有三种激励方法：物质激励、精神奖赏以及信息奖励。

在这个过程中，获得物质利益是最基本的刺激，物质是重中之重，它塑造人的观念并直接驱动人的行为。物质利益不仅是对科研人员个人的物质激励，更是借科研成果的实现，在认识世界的同时改变世界，进而提升人类的物质和精神生活水平。只有以此为目标奋斗的科技人员才能产出优秀的科研成果。次级的激励手段是精神奖赏，如爱国精神、奉献精神、职业信念、精神荣誉（如荣誉证书、学术荣誉等）、他人的尊敬等。实验室科研和教学主要依赖精神的思考，没有精神奖赏就很难解决科研和教学中的问题。从事教学研究的人需要有一种精神，这种精神激励可以填补物质激励的空白，它本身就拥有最坚实和巨大的推动力。在特殊情况下，这可能是最重要的元素。第三种激励是信息奖励，信息化时代，我们必须尊重教研人员，他们在处理信息的过程中为人类生产新的财富，他们也在

追寻信息的过程中找到激励和满足。这种信息上的奖励具有超越物质和精神的相对独立性。科研人员依据信息为自身定向，驱动自我去寻求答案，并在信息竞逐中培育才能、实现新的突破。在科学的角逐中，他们如着魔般钻研科学，却未知成败结果，其功誉和利益更是难以设想，而信息追踪的驱动力是真实存在的。管理层对此必须高度重视，为释放他们的创新力，应倡导学术对话，给予他们充足的时间和广阔的场景以交融思维、扩散知识，在尊崇他们个人热情的同时，引领他们服务于管理目标，这将极大地促进实验室功能的提升。

只有三种激励被恰当地使用，才能达到应有的效果。一开始，需要以整体视角对三种激励进行综合操控和调整，根据时间、地点和环境的变化灵活应用。作为管理者，需要因人而异，因情而施，才能产生实质性效果。而后，在与大目标相吻合的前提下，适当地给予小范围的自由空间，这样才有可能激发每个人的潜力。如果只是将所有人都牵引于组织的方向上，那么管理就可能落入对立的结局，这反而会压抑个人的活力，导致其产出效率降低，对整体的贡献亦会相对减小。最后，必须强调，对于科研人员，应该避免使用微量、高频的刺激手段，比如每月发放奖金，评定一、二、三等奖等，因为这并不符合实验室工作的特点。在精神激励方面也是如此，如果表扬的对象过于庞大，那么它就失去了激励的效力。激励的量应该适度，要取决于项目的规模、难度，以及个体的水平和贡献等多方面。

笔者提炼出了六个关于实验室队伍管理和发展的基本原则并明确了其核心要义，它们看似简单，但实际运用却是极其复杂的。实验室队伍的管理要求我们在持续的探索和改良过程中，根据人员、事项和时间的不同而灵活应用，从而充分释放管理的潜力，让实验室人员最大限度地展示他们的专业技能，对社会产生更大的价值。

第三节　实验室队伍管理规划

一、实验室队伍管理规划概述

（一）实验室队伍管理规划概念

编排涉及标准的建立以及计划的筹备。实验室队伍的管理编排是依据组织的战略目标制定的，经过科学预测，可以评判出组织在未来环境变化下的人力资源需求与供给情形，以此制定必要的人力资源采集、应用、维持和拓展的策略、政策及措施。这保证了组织在人力资源的数量和质量上的需求得以满足，使得组织及个体能获得长久的利益。

（二）实验室队伍管理规划的目的

有助于构建稳健而高效的国内劳动力市场；个人的才能得以充分运用；是人力资源管理的根基、规划图，发展路线，评估标准；实现员工和团队的双赢；高效运用稀缺人才。

（三）实验室队伍管理规划的必要性

（1）能够针对人力资源的分配拟定具有实质性及实践性的全面布局，对地区或机构的发展实现资源配置的最优化。

（2）对于特定的人力资源群体或个别人员，在并案规划中可以建立预案。这样当面临亟须处理的情境时，能够从容应对。

（3）规划有助于梳理思维，对实践活动提供指导。

（四）实验室队伍管理规划的内容

1. 总体规划

整体策划包括主要目标、全面政策、执行步骤、总体预算。

2. 业务计划

操作规划是对全局规划的延伸与细化，确保全局规划目标的达成。主要包括：①人力资源计划；②运用计划；③提高计划；④教育训练计划；⑤薪酬计划；⑥退役计划；⑦员工关系等。每一项计划包含目标设定、关键任务、政策手段、执行步骤和预算、各个人力资源业务的规划。

（五）实验室队伍管理规划的特点

1. 超前性

在考察了组织当前的状况、环境、机遇及挑战等之后，管理层将制定未来的发展规划。例如，对于劳动力市场：我们能提供多少内部人力？还需要从外部招聘多少人才？为了组织的发展，我们需要的人力资源并非一蹴而就，需要提前进行策划。

2. 可操作性

计划不应该只是"画中的幻想"，应该既有远景也能够落地实践。领先并不意味着无法触及，它应该是实验室队伍通过不懈努力能够达成的目标。

3. 动态性

在进行人力资源策划时应保障持续的动态平衡。因为人是变动的，而工作职位相对固定，因此在人力资源策划中保持动态平衡是关键，应有足够的调整空间，特别是对于不可抗因素，必须有充足的应对措施。

（六）实验室队伍管理规划的分类

我们通常把五年称为一个规划周期，把十年称为中期规划，把十五年称为长远规划。

实践中，我们也将一年的计划细分为招聘计划和人事变动计划等，而将3~5年的目标制定为规划。简单来说，计划是切实可行的具体措施，而规划则更偏重于中长期的方向和战略问题。

二、实验室队伍管理规划的过程

通常，实验室队伍管理规划流程包含四个阶段：①预测对人力资源的需求；②对人力资源供应（包括内部和外部劳动力市场）进行分析；③考虑如何平衡人力资源的供求；④制订人力资源的策略计划。

（一）人力资源需求预测

核心在于基于地域或机构主要业务发展需求进行全量预测、子项预测及结构调整预测等。

1. 现状规划法

这是一种相对简便，操作省力的预测手段。利用这种手段的基础设定是：设想一个企业的组织在现阶段所有人员的配置比例和数量完全可以满足预测计划期内的人力资源需求。

规划人员需要执行的任务包括：①预估规划期间哪些员工或岗位会面临提升、降级、退休或被转移出组织的情况。②配备适当的人员进行补充即可。大多数公司内的管理人员更替连续性通常会使用此策略。这个候选人是否需要经历一段时间的培训呢？如果需要，则制订相应的培训计划；一个岗位的替换可能会引起多个岗位人员的连带替换。此策略适用于进行短期的人力资源规划预测。

2. 经验预测法

经验预测法也被称为比例分析法，意即利用过往的经验进行人力资源的预测和策划。采用这个方法，管理层可以预测组织在未来一段时间内的人力资源需求。该方法可以预测管理人员的需求。各人的经验可能会有所不同。因此，维持历史记录，并结合多人的经验进行集体决策，可以减小误差。

该方法并不复杂，更适合技术层面较为稳健的公司进行中短期人员需求预测与规划。

3. 分合性预测法（先分后合）

机构可以指导其下属的各个部署和单位，依照各自的生产职责、技术和设备的变动,先行预测未来本单位对各类人力资源的需求。

综上所述,根据这个基础,策划专员将各下级单位的预估数字进行整合和平衡,进而推算出未来特定时期整个团体对各类人员的总需求量。

该方法能够让各级下属管理者在预测规划中展现出他们的能力,而全职计划员工需要为下属提供必要的指引。该方法适合中期和短期规划的预测。

4. 德尔菲法(Delphi Method)

兰德公司,一个知名的美国企业,已经发展出一种策略来应对和预测重大技术问题,它常被用于预测和安排由于技术变化而产生的对各类专业人才的需求。

(1)德尔菲法的方法。

①聘请专家(如前线管理者、高级管理者、外部成员等)并公布问题。

②专家独立提出自己的意见。

③收集、汇总专家意见。

④将汇总结果返回专家,进行再次分析。

执行前述程序 3～5 遍,专家的观点将逐渐达成共识。

(2)德尔菲法的原则。

①为专家提供详尽的信息,以便他们作出决策。

②提出的问题应当是专家可以解答的(比如,询问相对数而非绝对数,重点关注主要员工)。

③不要求精确。

④使过程尽可能简化,不问没有必要的问题。

⑤保证所有专家能从同一角度理解员工分类和其他定义。

5. 描述法

该方法是对本组织在未来特定时间内,相关要素的进展作出预见和描述,从而在分析和融合这些因素的过程中来推测未来的人力资源需求。以某研究室在接下来的三年可能发生的情况为例,会有三种可能性:第一种,实验室开发的新产品可能在未来三年内实现稳定发展,行业内没有新的竞争者出现,技术方面也没有新的突破;第二种,新的竞争者出现并在技术上取得重大突破;第三种,相似产品销量可能会下滑,物价猛降,市场低迷,生产停止,但同时可能会在技术上出现新的突破。

规划者们可以依据以上各种描绘与设想,预测并制订对应的备选方案来满足人力资源的需求。

这种策略在进行长期预测时存在一些挑战,原因在于,随着时间跨度的增大,对于环境变动的各类未知因素的描述和预设变得更加困难。

（二）人力资源供给分析

重点关注和评估的内容有：总供应量、不同项目的供应、供应的结构性改变及特别事件的影响等。此外，还须从地区或者单位（比如实验室所有者）的外部和内部环境进行深入研究。在调查外部环境时，需要将宏观环境的转型、人才资源的总数变化、各教育机构对人才的培育以及常规员工和专业人才的供应情况等都考虑在内。而在研究内部环境时，需要基于现有员工的年龄、专业领域、职级、培训背景、晋升记录、管理层的更替等因素进行分析。

平衡人力资源供需的考虑：求过于供。

①调整员工的使用效率。例如进行培训；运用团队力量，从而转变对人力资源的需求。

②采用各种类型的员工。例如，雇用少数有技术的工作人员；为技术不强的员工提供培训。

③改变实验室目标，使之更切合实际。

实现实验室目标需要现行和潜在的人力资源的全身心投入。

当人力资源的供应超过需求时，管理者需要评估每个阶段人力冗余的成本；考虑各种可能的裁员策略及其带来的开支；调整员工的工作负担，预算重新培训、调整工作人员数量所需的投入；研究实验室发展新路径的可能性，比如寻找潜在的新市场或者进行业务多样化的探索。

（三）人力资源规划的编制

1. 预测和规划本组织未来人力资源供给情况

对组织中现有的各个人力资源进行评估。例如，通过分析每个员工的年龄、性别、职业背景、教育程度和技能等资料，以了解组织中现有人力资源的供应状况。

评估团队内部人力资源的流动状况。组织内部员工的升迁、降职、职位之间的人员转换、退休、因工伤离岗、疾病导致的去世以及人力资源进出此组织的现象等。

2. 对人力资源的需求情况进行预测

在对人力资源供应进行预测和规划的基准上，按照组织目标，预估该组织在未来某个时间点对各类人力资源分类的需求预测和计划，可以根据时间跨度选择合适的预测手段。

3. 进行人力资源供需方面的分析比较

通过核对预期需要的人员数量和组织在同期能够招聘的人员，人力资源可以得出对各类专业人员需求的具体数据。这将有助于人力资源有针对性地进行人才招聘或培养，从而为组织的人力资源政策和措施的制定奠定基础。

4.制定关于人力资源需求的策略和方案

基于人力资源供需的平衡状况，人力资源已经制定了相应的策略和方案，准备呈交相关管理机构进行审核。

（四）编制实验室队伍管理规划时可能出现的问题

（1）科学性。理论和方法要科学。

（2）技术性。使用最先进的技术手段。

（3）可行性。规划方案要具有可操作性。

（4）前瞻性。计划的理念和主题相当具有前瞻性。

（5）指导性。整个计划须遵循国家的科学教育促进国家战略和可维持的进步策略，执行国家公告的产业政策，展示国家最新的发展理念。

（6）唯一性。强调地域或行业（实验室）的独特性，展现规划的创新性，呈现规划内容的发展性，制定一个地区或组织（实验室主体单位）的人力资源发展和管理的中长期规划。

三、实验室组织设计

系统是有计划地组织两个或多个人的活动或能力的合作结构。

实验室管理过程中，管理者应当采用恰当的方法对内部人员、财务、物资等各项资源进行合理配置，形成一套组织体系，并对各种工作职责进行适当划分，以使现有资源被高效利用，达到预期目的。通常，实验室的组织构架呈"金字塔"形，这种配置通过组织结构图进行展示，这样可以明确地展示出实验室内部的级别关系，以及各专业组和各员工之间的职责关系。实验室的管理人员需要投入大量精力来建立并维持这个层次关系，主要通过制定实验室的规定、工作流程和程序文件来达到这个目的。

实验室的构造模式决定了实验室的操作步骤、部门划分和职务界定等基础构架的规划，常见的实验室构造模式包括直线型、功能型等。

（一）直线型组织结构

直线型作为一种最古老且简明的组织模式，其主要特征在于实行从高层到基层的严格纵向管理。下级单位只需遵循一个上级的命令，而每一级的管理者需对自己所在部门的所有问题负责。直线型的实验室通常不设立职能部门（但可以设置职能人员以助力主管），所有的管理权重都集中在行政主管手中。该组织模式的优势在于其清晰简洁的架构，明确的职责划分，以及统一性的命令系统。但缺点是：行政主管需要掌握多方面的知识和技能来处理所有事务，并在大型、业务复杂的实验室中,全权负责所有管理职能,这一做法显然有悖常理。因此,直线型仅适用于小型和技术简单的实验室环境,而对于技术复杂和管理需求烦琐的实验室来说,直线型并不是最佳选择。

(二)功能型组织结构

功能型组织结构的含义是,除了各层级行政机构的领导者外,还包含与之配套的职能部分。例如,实验室主任下设的职能部门及其成员,是用来协助主任进行职务性的运作。这种架构的要求是,行政领导须将一定的管理职责和权力委托给合适的职能部门,因此,各职能部门在其所属专业范围内均有权对下级行政机构发出命令。因此,下层行政主管不只是听从行政上级的命令,还必须顺从上级各职能部门的引领。

功能型的优点在于它能适应现代实验室繁复的技术和细致的管理要求,并能承担最大量的专业管理职责,有利于减轻直线领导人员的工作负担。但是,它降低了必要的集中领导和统一调度的效率,导致权力分散;不适于行政责任人和职能部门责任制的建立和完善,中层管理层经常面对功劳争抢和责任推卸局面;更为糟糕的是,当上级行政领导和职能部门的指导和命令相冲突时,下级通常会感到困惑,破坏了工作的稳定性,会使工作纪律松弛,导致生产管理出现混乱。因此,由于其明显的缺陷,现代实验室往往不倾向于使用功能型组织结构。

在进行实验室组织活动时应遵循以下原则。

(1)目的明确。每一份职务都设有清晰的工作目的和任务,这些职务应当与整个实验室的整体目标相吻合。

(2)权力界限。每一个实验室岗位的职权及其具体职责须被清晰地设定。

(3)负责任的态度。无一例外,每名实验室工作人员都应该为自己的行为负责,而这份责任应当与其工作职权相匹配。

(4)层级制度。实验室所有工作人员都要清楚自己在实验室组织架构中的定位。

(5)单一指令原则。每个实验室工作人员只应该有一个直属领导,避免出现多头管理的情况。

(6)配合度。实验室的各项任务或工作应互相配合,避免出现对抗或不协调现象。

四、实验室工作分析

(一)工作分析的基本概念

对人力资源的有效开发和管理首先需要理解不同工作的本质和完成这些工作

所需的人员素质。工作分析的本质就在于研究实现特定组织目标所需的职位任务组合。例如，实验室主任这个职位只需一人即可，而构建实验大楼的项目需要上百人协作完成。如果公司没有进行适当的工作分析或没有对此给予足够重视，那对人力资源的开发与管理就会大打折扣。

（二）工作分析中的常用术语

1. 职务

为了实现组织的任务目标，组织会依据分工原理和个人能力，将各项任务和责任进行分配，最终指定给特定的人员，这样就创造出了不同的职务。因为一个职务可能存在多个职位，所以职位数量通常会超过职务数量。例如，实验室秘书是一个职务，但某个实验室可能需要两名秘书，那么就会设立两个秘书的职位。

2. 工作和职位

职业是对一系列任务的总结，而在职业角度上，更侧重考虑的是雇佣人数，也就是需要完成的具体任务和职责的聚集。例如，在一个包含1名实验室主管、3名实验室教师和2名实验室技术人员的团队中，存在3类工作和6个职位。在这个组织里，一个工作常常需要多人分工合作完成。管理层要想员工积极主动，必须使"职位"具有挑战性。

3. 职业

职业即在各种机构、各个时期里，执行类似任务的职务的汇总。比如，实验室技术工作者、实验室管理者等就是多样的职业。

4. 职业生涯

职业生涯即一个人在其一生中持有（体验过）的职位的记录。它揭示了一个人在其职业生涯中所接触过的职位流程，是他的个人历程的轨迹。

5. 职业生涯设计

一个人适合哪种职业？有没有能力符合职业的标准呢？人力资源部为实验室人员提供了职位设计的帮助。

6. 职业生涯路线

所谓的职业生涯路线，就是指实验人员选择职业之后，是朝着专业技术的道路前进，还是走向行政管理的路线？或者有其他的选择？典型的实验人员的职业发展轨迹可以描绘成一个"V"字形。假设一个实验员在22岁大学毕业后步入职场，那么22岁便是"V"字形图的起始点。从这个起始点开始，可以沿着左右两条道路向上前进，其中"V"字形图的左边代表管理岗位的发展路线，右边代表技术岗位的发展路线。这两条路线都被划分为多个部分，每个部分代表一个年龄段，并在两条路线上相应年龄段内标记专业技术的等级和管理岗位的级别，这就是实验人员的职业发展目标。

随着个体的技能、职业背景和社会经历愈加丰富，固守技术岗位这一职业发展道路并非必要。从长远的角度来看，实验人员在35岁以后可以考虑担任管理职务，一方面能够充分发挥自身的技术专长，另一方面也可以参与实验研究项目及教学管理。以此途径，借助各类激励手段将实验人员从"遵循命令的机器"转变为可创新、可利用的首要资源，最大限度地发挥其热忱、自觉和创新能力。

（三）对于工作的分析步骤

工作分析包括工作定义和任务指南两个环节。具体来讲，工作定义应包括工作（职位）的标题，工作的行动和流程，工作所需的条件和物理环境，以及社交环境和招聘条件。

（四）能力与职业的匹配

人的才能各不相同，这就决定了他们对工作种类的偏好。因此组织人事布局时，如能适当考虑个人的特长并据此分配岗位，便能更好地发挥个人价值。正确的能力和工作对应可以分为：普通能力与工作的对应以及特定能力与工作的当前。其核心精神就是使个人能力水平与工作级别基本持平，充分发挥个人所长。

通常，个人的基础能力须与其职业相对应，也就是说，需要拥有一定的基本能力，并且不断提升以满足特定工作的需求。个人的基础能力包括想象力、记忆力、创新思维、空间感知、逻辑理解和语言沟通等，这些能力的演示通常与智商有关，其平均值约为100。对于某些专业领域，如律师、工程师、科研人员和大学教授等，他们需要拥有较高的智商，通常在130左右。而对于一般的管理人员和行政人员，他们的智商通常在110左右。对于智商低于平均值的人，他们通常只能从事些相对简单的工作。因此，从这个角度看，实验室工作人员需要拥有超过110的智商。

职业需求与特殊技能相对应，其中特殊技能包括语言沟通、数学计算、空间判断、形状认知、事务处理、动作协调以及手指的灵活与熟练等能力。实验室工作人员的能力需求会根据实验室的不同类型而须满足上述一种或几种特殊技能。

（五）个性与职业匹配

当人们选定职业或在人力资源部门寻求职业建议时，需要对他们的性格、兴趣、能力和气质进行全面的评估，这一综合评价也称"个性"。美国约翰霍普金斯大学心理学教授霍兰德将个性（或叫作职业风格）划分为六大类：现实型、研究型、艺术型、社会型、企业型和常规型。

1. 现实型个性特点

如果你有操控机械的技巧或者良好的体力，能够便捷地完成与机器、工具、动植物等实物相关的任务，那你就适合这份工作。需要明确的、具体的体力劳动和操作技术，而与他人的交流需求相对较低。

工作性质：精通手艺和技术活，利用手动工具或设备完成任务。

适合的工作包括：建筑师、负责操纵 X 射线的技术人员、飞行器维修专员、无线电通信员、自动化专业技工、电气技师、海洋生物和野生动物研究员、机械制造工人、木匠等。

2. 研究型个性特点

拥有涵盖观察、评估及推理等活动的技能，并且重视科学原理。

特性需求：需要有思维及创新能力，对交际能力的需求不大。

工作性质：进行科学探索和试验，对自然界及社会的形成与变化进行研究。

适合的工作包括：研究员、科技专家、实验室技术员、数学专家、物理学专家、化学专家、植物学专家、动物学专家，以及科学期刊编辑、地质学专家等。

3. 艺术型个性特点

拥有创新性和艺术感的表达力以及敏锐的直觉，并对严格的任务产生反感，情绪化程度高。

特质所在环境：采用言语、行动、色彩和形状来揭示审美准则。自主职业的特征：参与艺术创作。

适合的工作包括：作家、艺人、新闻记者、诗人、画家、音乐家、剧作家、舞者、音乐教师、雕塑家、摄影师、室内设计师、时尚设计师等。

4. 社会型个性特点

热衷于参与人际互动的行为，具有人道精神，却无法用理性方式处理问题。

特性概述：擅长解读并改善人类行为，拥有优秀的交流能力，乐于提供帮助。

职位特性：以指令、教导、咨询培训等手段来帮助和服务人们。

适合的工作包括：交流协调人员、外交人员、教育工作者、学校领导、导游人员、社会福利机构员工、社区工作者、顾问人员、脑力劳动者等。

5. 企业型个性特点

特性要求：需要通过行为展示环境特性，具备说服他人和管理的技能，并能够承担起监督的职责。

工作性质：影响他人、安排他人去行动。

适合的工作包括：工厂主管、各级管理层、领导人员、政治人物、法律顾问、销售代表、批发商家、零售店主、运输调度、广告推广人员等。

6. 常规型个性特点

重视细节处理，追求精准性，拥有记录及存档的能力。

环境特性：需要有系统和常规行为，对于身体力量的具体需求较低，人际交往能力要求不高。

工作性质：常常是指各类办公室以及行政类的工作。

适合的工作包括：财务会计、数据统计师、收银员、办公室行政人员、税务专员、行政秘书、计算机操作技术员、键盘录入员、成本审计员、庭审记录员等。

显然，根据实验人员的特性，人事部可以进行适当的岗位分配。

（六）工作分析的意义

创建稳定的决策基准；避免无谓的人力资源浪费；科学地审查员工的工作表现；使每个员工尽展个人才华；有效地激发员工的致力度。工作分析的目标就是唤醒员工的主动精神。通过为你的团队提供物质和精神上的激励，积极地调动他们的工作热情。人力资源管理的目标，就是使你的团队充满活力，使每个部门和每位员工都能充分展现他们的积极性和创新能力。

第四节　实验室队伍绩效考评

一、绩效考评的概述

（一）绩效考评的定义

绩效评估是对员工的工作能力和职责履行进行审查与估量的一种过程，这个过程包括收集、解读、评判和传递员工在岗位上的行为表现和工作成果的相关信息，这是实现策略目标的最优控制系统。

（二）工作绩效的分类

实体职务表现为具体的任务和活动。对于教师来说，就体现为教学、研究、出版物。非实体职务表现为职业态度，如工作热情、协同能力、团队精神和自我奉献。

（三）绩效考评的内涵与外延

含义：对人和事的评判；对个人及其工作流程的评判；评估人的工作成果，也就是评估人在组织里的相对价值或所做的贡献。

定义：为了主动且有效地掌握和控制工作成果与过程，有组织、有目标地对日常工作中的人进行监控、记录、解析及评述。

性能评估：它是管理的策略，用以提高机构效率的工具，而并非最终目标。

（四）影响绩效的因素

内部因素：个人的主观意识、技巧和鼓励；外部因素：客观情况、机遇及环境。

（五）绩效考评的作用

直接影响：确定员工的职业表现是否满足公司的标准；间接影响：为人力资源的规划、招聘、训练及晋升等人力资源管理活动提供决策参考。

（六）绩效考评的目的

调动人的积极性，推动组织发展。

可作为以下工作的依据：评先进、选拔人才、员工晋升、晋级、涨工资、奖金分配、减员增效。

（七）具体考评项目

通过对职位表现（包括工作成果、态度及专业素养）和职务评估（包括政治表现和业务表现）的考察，人力资源部门可以获得必要的管理资讯，为人事策略制定提供参考。

二、绩效管理概述

（一）对绩效管理的两种认识

失误：后续分析、效果鉴定、追寻错误源头、注重得失权衡、满意于人力资源管理流程、威压和奖励相结合。

正确：预先规划、过程管理、解决问题、提高人力资源能力、鼓舞团队、持续进步和反馈。

（二）考核者的角色定位

考核者并不只是独立的批评者，专注于挑出错误、指责瑕疵，而应当扮演顾问的角色，帮助员工提升自身能力，优化工作表现，并正视存在的问题。

（三）绩效管理的一般步骤

1.确定绩效考核流程

人力资源部门协同各分支部门确立了考核绩效的流程：规划、评估、指导及交流。

2. 制定规章制度

人力资源部门的主要职责是制定规章制度，而各分支部门需要针对细节进行修订并考虑其特性。设定考核标准是人力资源部门与各层管理人员共同承担的任务。实施高效的考核管理是每层级管理者的主要任务。在组织的推动下，所有这些工作都需要按部就班地进行。

3. 绩效考评的程序

（1）以职务分析为依据，制定考评标准。

①对谁进行考评——不同岗位其考评对象不同。

②考评标准是什么——不同岗位其考评标准不同。

③谁来进行考评——考评人的确定。

④怎样进行考评——考评程序的制定。

（2）让被评估者了解评估的目的、含义及详细的执行方法。

（3）对评估人进行培训。

（4）评估者对自身的工作表现和成果进行自我评价。

（5）由评估者和高级领导对被评估者自我评价进行审查。

（6）将评估意见反馈给被评估者。

4. 绩效考评的类型

（1）基于员工性格的评估：评估员工的性格或性格属性。

（2）基于员工行动的评估：员工在一项特定的职务上，具备明确和特定的行为表现。

（3）基于员工产出的评估：量化员工的工作性能指标，也就是说，对员工已经完成的任务产生的产出进行评估。

三、绩效考评的指标体系

（一）KPI——关键业绩指标

KPI 重要表现指数的体系包括业绩监管、目标操作、组织架构、战略操控。

1. 构建 KPI 体系的思路

确定实验室的发展蓝图，其取得的效果必须契合实验室的发展方向。

要实现实验室的目标，哪些成果领域最关键？从这些领域中识别出实验室的主要成果领域 KRA（Key Result Area）。

确定了关键成果领域之后，人力资源部门需要对这些关键领域进行衡量，以获取实验室的关键业绩指标。

接下来，把实验室的关键业绩指标再细分到各部门或各负责的实验室。

2. 应用 KPI 体系（目标三指标＋时间＋程度）应该如何进行

在重视关键因素的同时，KPI 也注重了绩效的全方位和平衡性。根据"木桶原理——容积由最短的木板决定"，对绩效的平衡性做出思考是必要的。目标更注重阶段性和凸显焦点。对个人和部门制定 5～6 个项目目标。设立的目标主要集中在基本效益方面，如招聘、成本，以及最为薄弱的环节（最短的木板）。

（二）平衡计分卡

来自哈佛商学院的罗伯特·卡普兰教授，以及来自复兴全球战略集团（也被称为管理咨询实验室）的主席大卫·P. 诺顿（1992 年）持有这样一种观点，即商业活动的目标并不仅限于追求盈利。即使公司的资产、收入、利润及回报率等财务指标发生了变化，公司也创造了更多的无形价值。这些无形价值是公司成长的重要动力，而并非只有财务数据。同样地，实验室开发的新产品也不只是为了盈利，虽然财务指标会有所变化，但实验室创造了更多的价值，而这些价值对实验室的进步极其关键，而不仅仅依赖于财务数据。

（三）360 度反馈评价

综合性考察：深度考察或由多个考察者联合进行的考察。考察者包括：直属经理、工作同事、直接下级、客户（包括公司内部客户和外部客户）和被考察者自己。主要目标是借助全景的 360 度考察和反馈制度，驱动被考察者改善工作表现，提升工作成效。

全面评价：这也相当于 360 度回馈、全方位效果反馈评估，或者多元反馈评估等。

四、绩效考评的问题

1. 绩效考评系统的标准

（1）效度。

评估设备应能精确、真切、公正地量化事物的性质。对工作表现的评定标准必须是准确、理智且法定的。也就是说，通过评定所获取的信息应与待评估的工作成果的关联度相对应。

设定的评估准则必须密切关联工作分析确定的责任；针对工作描述书中所标明的主次职责以及相关职责的重要性，合理分配权重，避免忽视主要追求次要。

（2）信度。

可靠性是对测量结果的连贯性或稳定性的衡量。效能的信度确保了评估的标准化以及评估流程的统一。

（3）无偏差。

关于评估的公平性以及评估者的主观评价，在进行员工评估时，人力资源部门始终追求绝对的公正。

2.影响绩效考评的因素

评估者的评估因素（包括性格、态度、智力、价值观、情绪等）；被估计者与评估者间的关系；评估的标准和手段（包括效度和可靠性）；组织的条件（如制度和其重视的程度）。

3.绩效考评中常见的心理弊端

（1）晕轮效应。

晕轮效应是在评估流程中出现的一种现象，评估者通常会因被评估者在某个属性上的评估过高，从而导致对其他属性过度评估。这种效应的根本原理是在信息缺乏的情况下形成对他人的观念，也就是说，评估者往往依据对被评估者总体的感觉或观念来进行评估，因此，他们唯一能展现的就是对被评估者保持积极或消极的态度。例如，在工作绩效评估过程中，由于评估者对被评估者某个具体工作态度方面的印象深刻，就忽视了其他方面的评估，因此，这就成了被评估者表现好坏的决定性因素。

（2）趋中效应。

趋中效应是一种错误地把被评估者评为接近平均或者中等水平的偏误，以回避有合理依据的过高或过低的评估。当趋中效应出现时，所有员工的评估都以平均或接近平均的分数为结果，由此无法区分出哪个是优秀员工，哪个是表现不佳员工。

（3）近因效应。

近因效应涉及近期信息，在评估一个人的工作表现或者性格特质时，其会产生显著的影响。这主要源于评估者对被评估者近期行为的记忆鲜明且印象深刻，而对其过去行为的记忆却模糊不清，影响力较小。

在一个特定的周期内进行的评估，应归纳实际全周期的表现，而不应重视近期事件的评估，这可能会误导对于整个考核周期员工的工作成果的理解。例如，一名员工因近期患病而表现低迷，他可能因此受到不好的评估，但实际上他以往的工作表现很出色。

（4）个人偏见。

评估流程中，评估者对被评估者独特的个人属性如性质、性格和容貌等方面可能会有偏向性看法，也可能会基于自身的主观喜好对他们进行评估，从而对整个评估结果产生影响。

五、绩效考评的方法及应用

（一）考核方法

（1）书面评估法——适用于经营部门。

（2）评估排列法——适用于可以比较、可以量化的职务，比如操作层级的工作。

（3）评估方式——适用于部门内部的系统交流和优化。具有最突出的人力资源特色，专注于组织的改善。

（4）管理目标的方法——适用于在各个阶段的任务中，比如项目管理、研究开发和商业活动。

（5）规范评估方式——针对领导者设立。主要研究流程执行状况；系统优化。

（二）绩效结果的管理——成功的员工

提供丰厚的奖赏；突出员工在团队中的重要性；激发他们的领导才能；利用灵活的机会挑战自我；支持和推动职业生涯的晋升；赞扬和讨论他们的独特之处；对员工所取得的突出成就给予回馈；再次重申员工是组织中的宝贵财富；通过特定的工作计划和个人发展机会来促进员工的成长；共同努力去应对增长的挑战性任务。

（三）绩效结果的管理——需改善的员工

能否通过咨询人事部帮助我们找出产生性能差异的因素；是否为员工设定了SMART目标？员工是否具备所需的技术能力？员工是否拥有所需的工具和资源？员工是否能呈现出适当的行为？员工的态度是否正确？还有其他潜在影响吗？

（四）工作绩效考评的应用

员工绩效考评的应用如表7-1所示。

表7-1 员工绩效考评的应用

一般应用	具体应用
员工发展	从员工发展的角度确定员工培训的需要；工作绩效的反馈，及时调整员工的行为；确定员工的调动和分配，优化资源配置；通过考评促进个人发展；根据考评结果，考虑该员工的使用
管理决策	工资标准的制定，个人奖励标准的制定
组织发展	根据工作绩效的考评决策员工的去留。①人力资源规划的制定；②从组织需要的角度确定培训的需要；③评估组织目标达成度；④评估组织的人力资源管理系统的效用性

第五节　实验室队伍培训与开发

实验室队伍培训是一个由组织精心策划和组织的教育学习过程，其目标是提升实验室人员的知识积累、技术水平、工作情绪和行为举止，以激发他们的最大能力，以此提高工作的执行质量，并实现优良的组织效益。

一、实验室人力资源培训概述

（一）现代培训与传统培训的区别

（1）对于现代培训来说，它更着重于实验室所属机构的策略目标和未来进展。

（2）现代培训方式已经不再局限于单独个体的独立培训。

（3）现代培训更着重于激发实验室工作人员的学习欲望。

（4）现代培训更专注于人的身心特质。

（5）现代培训方法已经大幅超越了职位技能的限制，更强调提升个体的才干和能力。

（二）现代培训的目的

（1）帮助员工提高知识、技能和能力，不断适应工作的需要。

（2）提升员工的生活质量和标准，塑造完整的个性。

（3）改变员工的思想观念和价值取向，以塑造正当的职业理念。

（4）提升管理效能，保障组织的持续发展。

二、实验室人力资源培训的必要性

（一）培训是知识更新的需要

随着科技的日益进步，新的知识、技术、发明和创新呈爆发式增长，这缩短了从发现变为应用的过程，并且使得知识更新的频率越来越高。科技的演进与知识的快速更新是相互关联的。在这种情况下，终身学习的观念应运而生。此观念像是在人类学习史上掀起了一场"哥白尼革命"，现在人们已经深刻认识到"学会学习"是未来生存和发展的必然趋势。因此，为了不被时代所淘汰，人们必须持续地进行学习和培训。

（二）培训是自身生存和发展的需要

技术的提升导致社会阶级持续地变动，随着知识价值的不断提高，财富分配的重心也发生了变化，知识资本（或称智力资本）日益被社会接纳。在这个知识经济的时代，谁在科技创新和知识领域处于领跑地位，谁则在经济角逐中具有优势。学习和培训成为人们的一种需求，以适应他们的生存和发展需要。

（三）个人竞争力和国家全面实力的提升需求，就在于开展培训

在这个以知识为主导的社会中，知识的绵延无尽和易过时的特性日益凸显，知识的生命周期也在逐渐缩小。已有的知识由于新知识、新技术和新工艺的出现而不断失去市场价值。此外，知识经济时代既是激烈竞争的阶段，也是依赖知识和智力取得优势的阶段。个人的竞争实力来自于个人知识的掌握和应用，而各国间的竞争则表现为总体实力的对决。人才是提升国家综合实力的关键，持有人才与把握未来等同。因此，对每一个尝试者来说，不断接受培训、拓展知识、提高能力是客观的需求。

（四）实验室通过培训会集专业人才、提升团队凝聚力，同时也是应对市场竞争的必要条件

实验室的发展与人才是紧密相连的，人才与实验室的竞争优势也是密不可分的。实验室需在市场中积极挑选合适的人才为己所用，同时人才也会在市场中自由选择适合自己的工作。现代人才在选择实验室工作时，不仅看重待遇和生活条件，更看重能否实现个人价值以及能否得到良好的培训以及知识和智力的拓展，这已经成为人才选择工作的重要因素。

因此，实施培训是实验室吸纳并稳定人才的关键策略。

三、培训的类型及途径

（一）培训的类型

根据培训与岗位之间的联系，培训可划分为以下三类。

1. 岗前培训

上岗前的实验室员工细分为两类：一是刚加入实验室的新员工；二是从老实验室人员转到新岗位的员工。对于新加入实验室的员工，他们的培训中包括实验室的基本信息、工作规范学习以及职业要求等内容。而老实验室员工在承担新的技术岗位时的培训则包括实验方法学习、质量监控手段、实验成果影响因素以及安全训练等内容。只有在完成培训并通过考核后，他们才能获得管理层的书面授权，正式开始新岗位的工作。

2. 在岗培训

在岗培训又称不脱产培训，即边工作边学习。

3. 离岗培训

离岗培训又称为全职培训，包括派遣深造、参与全日制研修课程以及在保留公务员身份的同时参与学术教育等。另外，还包括岗位转换培训、候任培训等。

（二）培训的时间与途径

根据培训期限的长短，培训可划分为长期培训和短期培训。通常来说，长期培训至少持续半年，例如，实习职位一般需要一年甚至更长的时间，而一般的学位教育至少需要两年；短期培训的时间大都灵活，可能只有几小时、几天或是几个月。

依据培训的组织者不同，培训可划为内部、外部以及联合内外的培训形式。

1. 内部培训

实验室内部的培训活动，如规范化教育、学术讲座及新技术实习，都是由实验室自身组织的。这种培训是培训的主流方式，它可以根据目标和条件灵活适应，选择大规模或小规模的范围，是一种低成本、易于实施和管理的方法。

2. 外部培训

外部培训指的是实验室派遣它的员工到其他机构进行学习，并且培训费用通常由实验室负责支付，或者与个人学习者共同承担，或者由相关的单位、机构提供资助。这种派遣学习是一种组织活动，培训结束之后，受训员工应当回到自己的工作岗位。这类培训根据培训地点的不同又分为国际培训、国内培训及国内外混合培训等。

目前，现代实验室人员流行以自费方式，利用空闲时间进修教育培训以提升自我知识的培训方法。

四、人力资源开发概述

（一）人力资源开发的概念

在开发人类的智力、理解力、经验、技能、创新思维以及积极精神作为资源的许多策略，实质上是一项大规模的系统性工作。主要包含四个核心理念：①开发的焦点是人的智力与能力，即人的明智和技巧。②塑造人力资源必须依赖教育和培训，视野的提升和科学的管理手段来推动。③塑造人力资源的过程是一个无止境的过程。④人力资源的塑造是一个巨大且复杂的系统工程。人们是开发流程的驱动者和开发中心。开发流程受到主观及客观要素的多种效应影响。

（二）人力资源开发的目标

目标设定在人力资源发展上有两个重点：首先，通过各种发展活动来提升个人的能力；其次，通过这些发展活动来增加个人的生机或者创造性。

（1）提升人类的能力。能力实际上是理解并改变世界的力量，这就是人力资源的核心要素。

（2）提升人的活跑力。通过激发潜能，我们能在工作中提升人的活跑力，方便充分和适当地使用人力资源，从而提升人力资源使用率。

（3）关于人力资源发展两大目标的联系。提升人的能力是人力资源发展的根本。人的能力的优劣，决定人力资源的数量；增强人的活力是人力资源发展的核心。拥有能力但缺乏活力，这种能力毫无实际价值；有了活力会自我发掘潜力，提升能力。

第八章　高职院校实验室协同创新管理模式的构建与分析

第一节　指导思想

当前我国经济面临诸多发展难题，破解这些难题，关键在于提升产业创新升级，而产业的创新升级离不开创新型人才的培养，具有创新性思想萌发的高职院校实验室成为培养创新型人才的摇篮。不仅要承担实验教学、人才培养以及科研的重要使命，还要大力推进资源的共享与开放，这是高职院校实验室完成历史重任的重要途径。在人才培养过程中，哲学思想要贯穿始终。

一、解放思想，实事求是

市场经济发展要求大胆探索、勇于创新，解放思想与实事求相辅相成。实验室创新性管理离不开这一客观发展规律，本着一切从实际出发，按照高职院校教育教学改革的基本规律，团结各方可以团结的力量，利用创新性思维进行高职院校实验室的建设与改革，成为实现高职院校实验室协同创新管理的重要前提和基础。

（一）解放思想，实事求是

高职院校实验室的职责包括承担实验教学工作，并积极投身于科研工作和人才培育等。高度重视实验室建设与改革成为高职院校思想转变的重要前提，充分认识实验室在高职院校教育教学中的重要作用。

（二）与时俱进，实现制度和政策创新

与时俱进成为高职院校教育改革的重要保障，要求高职院校实验室紧紧围绕教育"十三五"规划目标，开拓进取，实现制度和政策的"双突破"。

1.制度创新

制度不是一成不变的，应随时代发展不断变革，高职院校实验室制度建设受到法律保护。在制度建设方面，在法律许可范围内，建立有法可依的实验室管理制度，尤其注重实验制度的落实。当然，仅有制度还远远不够，更要注重制度的落实与管理，改革制约实验室发展的不合理规章制度，为实验教学人才培养和科研人才培养提供广阔的空间。

2. 政策突破

为防止僵化政策束缚高职院校实验室发展，须突破现有政策体系，建立新的、宽松的政策体系，加快高职院校实验室建设步伐，提高实验室管理队伍建设。

二、永恒发展，积极合作

（一）用系统联系的方法指导高职院校实验室工作

系统相互联系、相互作用，实验室建设、发展和管理统一于一体，必须沿其自身的特点，从思想上高度重视，用系统论的思想进行规范，更好地指导高职院校实验室的改革与开放。

树立全局观。立足发展，放眼未来，高职院校实验室的管理必须着眼于大局，将全局观贯穿于实验室建设与管理始终。

建立实验室层次性管理。将一般实验室、综合实验室、重点实验室与专业实验室进行层次划分，促使高职院校实验室沿着多元化、多层次、全方位方向发展。

实施实验室全面开放。实验室对外开放是当前教育改革的重要组成部分，是提高高职院校实验设备使用率的重要保障。实验室应更好地服务于教学与科研，优化实验室资源配置，充分挖掘高职院校实验室的最大潜能。

（二）坚持用发展的观点认识与指导高职院校实验室工作

高职院校实验室管理过程是实验室发展过程的实质性内容，是为实验教学与科研提供分析问题、解决问题的重要方法。高职院校实验室管理过程中会出现各主体之间的利益之争，会产生各种矛盾，高职院校实验室管理目标成为解决这些问题的重要保障。

（三）把握有利时机，加快实验室发展

立足当前高职院校实验室的发展条件，抓住实验室建设的发展机遇，促进实验室更快更好地发展。实验室的建设与管理成为实验室发展的硬道理，探索实验室的发展规律，按照事物发展规律客观地去管理实验室，选择适合实验室可持续发展的道路。

三、以人为本，科学管理

（一）以学生为中心

高职院校实验室管理的根本是以学生为中心，建立始终为学生服务的意识，在实验室的建设与管理过程中，紧紧围绕学生的需求进行科学管理，提高全心全意为学生服务的理念。

（二）加强实验室文化建设

高职院校实验室作为教育与科研的重要基地，创新性思想和创新性文化决定了实验室发展的前途和方向。创新性文化的产生促使高职院校实验室不断改变传统管理模式，激发各创新主体协同一致形成良好的实验室创新管理氛围，激发学生创新性思维的形成，取得丰硕的创新成果。

（三）科学管理

实验室建设、发展与管理涉及众多群体，必须有效协同各方力量，优化各方管理资源并进行科学管理。培养和创建积极上进、锐意进取的实验室管理人员队伍。通过实验室高效协同管理构建教学与科研协同的梯队管理模式，制定适合实验室可持续发展的管理制度，统筹各方管理利益，提高实验室管理效率，推动实验室整体管理水平和创新能力。

（四）建立终身学习制度

制定学习目标。实验室管理在高职院校中，被赋予了优化实验教学的任务和基本功能，旨在尽力提升学生的实践和创新能力。这一目标以提高学生的全面素质为始终追求，并以其为出发点和终点。

构建良好的学习平台。高职院校实验室管理以提高实验教学仪器设备的使用率为重要前提，为实验室建设搭建一个再发展的平台。高职院校实验室开放不仅为本校教师提供服务，还应为全校学生提供良好的开放实验实习服务，开放科研平台，培养学生的创新能力；也应为其他高职院校的师生提供开放服务；同时为社会提供开放服务，使社会充分了解学校人才培养的主旨。

高职院校实验室是知识传播与智力开发的重要基地，是培养观察能力与动手能力的先进工具，是学生养成科学素质和品质的摇篮，更是因材施教与个性发展的重要载体。

第二节 构建的基本原则

一、以服务社会为根本原则

近年来,高职院校的竞争日渐激烈,高职院校实验室的硬件超前、软服务优秀,则实验室的信誉就会更突出。随着高职院校实验室管理工作的进一步规范,实验室技术服务人员的服务意识、服务态度以及服务水平不断提高。实验室是培养高端人才的重要场所,高端人才的数量和质量将推进科技不断进步。近年来,新加坡实验室提出的"三件"工程引起业界高度关注,即软件、硬件和心件,其中软件和硬件通过实验室的表观体现出来,摸得着、看得见,而"心件"特指实验室的软服务,它不是为取得更多业绩所做的表面工作,也不是空有虚名的口号,而是作为实验室技术和管理人员每天应该做的事情。这看似简单的工作却蕴含着极大的哲理,体现了实验技术人员和管理人员的素质,体现了实验室整体管理水平,也恰恰与当前社会第三产业发展相吻合。

实验室技术人员和管理者应该注意日常点滴。始终把服务教师、服务学生和服务社会作为工作的出发点和立足点;始终把人性化服务放在首位,做到心到、眼到和手到,微笑服务和热情服务为服务之本;始终把教师、学生和社会满意作为工作的着眼点,掌握实验室管理最前沿政策和管理技术,使服务成为一种新常态。

二、以规范化管理为标准的基本原则

看似非常简单的高职院校实验室日常管理,在实验室正常运转过程中却发挥着至关重要的作用。对于高职院校来说,实验室的安全和质量是至关重要的,甚至可以决定其生死存亡。而要维护和建设这样的实验室,高职院校离不开科学的、规范的管理方式。因此,必须在实验室内部执行严格的各项规章制度。这些规章制度包括但不限于实验室的安全管理、教学方式、进入实验室的约束、开放管理、财务管理、废弃化学品处理,以及资源共享等各方面管理。

高职院校实验室管理中的人文社科类实验室按照实验室规范进行管理,注意日常用水、用电安全等。对于多人计算机基础实验室做好全天候开放的管理,尤其是24小时开放的实验室,要做好无实验管理人员在场的实验室防火、防漏电工作,对于非科研所用的机房设备控制更新速度。对于国家管控的高危化学品实

验室，实验用品的申请、购买、使用、保存等必须严格规范管理，避免对人身和财产安全造成威胁。

三、以资源优化配置和推进创新学习为指引

高职院校实验室不仅是理论教学的辅助机构，也是科学研究、推进科学管理创新的重要基地，还是推动实验教学与科研的主要窗口。实验室的建设与管理秉持"有容乃大，创新则强"的发展理念，其中"有容乃大"则是跨学科之间相互包容、跨学科人才之间相互学习、跨学科资源之间相互整合。当前各高职院校学科涉及知识面宽，具备扎实的学科基础，构建多学科交叉融合的高职院校实验室是高职院校实验室建设的特色，突出体现高职院校教育特色。只有包容各学科发展，才能使跨学科实验成为可能，各学科交叉发展成为学科创新的法宝。

每个实验室都应有其专业的研究方向，太多、太杂不利于专业的培养，不利于实验室特色的体现，但是闭关自守也影响实验室创新水平的发挥。因此，高职院校实验室在保证专业教学的基础上，本着学科交叉、人员配合、资源共享的原则，突破实验室管理局限，用创新性思维加强高职院校实验室管理。

四、培养高端创新人才

高职院校实验室虽为教辅机构，却远超教辅的作用，承担着实验课程的教学与改革的责任，更重要的是通过学生的实验实践过程，培养国内领先、世界一流的科研人才，真正发挥高职院校实验室人才培养和高端人才选拔的功能。高职院校实验室不仅培养和选拔高端人才，开展科研研究；不仅创新更多的科研成果，更好地推动科技进步，更重要的是将实验科研成果转化为社会进步的强大动力。可见，高职院校实验室是孕育科学、产生科学成果的摇篮，不仅通过创新平台吸引高层次人才，还通过高水平科研活动为社会培养高端科研人才，与此同时还为人才创新提供良好平台。

五、以协同创新为保障

高职院校实验室不是简单意义上的实验课程的场所，它是教学、科研、人才培养的协同创新机构。政府作为高职院校实验室建设资金的提供者，成为协同创新的领导者和组织者，为高职院校实验室的创新科研提供足够的资金；企业和社会等其他组织作为校企合作的引领者，为学生的社会实践提供良好的实习基地，为学生创新能力的实践提供场所；高职院校实验室既是实验教学的基础，也是学生创新能力得以实现的重要保障。各创新主体相互协同，成为高职院校实验室外部协同创新的基础。

高职院校实验室除发挥外部协同创新作用外，还成立专门委员会推动高职院校实验室的建设与改革，委员会由科研人员、实验室管理人员、各二级学院代表、资深专家和教授、教务处管理人员等组成，实验室的正常运转是各委员会成员相互协同的结果。

第三节 协同创新实验室构建的目标

一、高职院校实验室协同创新的理念

创新是高职院校发展的不竭动力，自主创新能力的提升是高职院校教育教学改革的重要目标，创新性思维的拓展以及实践创新能力的提升是当前高职院校教育教学的关注点，以及高职院校人才培养的落脚点。高职院校实验室成为实现教育改革这一目标的关键，但这一目标不是某个人、某个学院或某个实验室所能完成的，这就要求高职院校实验室加强各机构之间的协同创新管理，引导和促进协同创新，使每个机构的优势得以充分发挥，整合各机构资源优势，达到各协同创新主体间的密切配合，将优质资源进行整合，产生合力大于单一力量的效果。

高职院校实验室作为人才培养的重要基地，既要利用好校内各种资源，也要利用好校外各利益主体的优势资源，实现学校内外资源融合的创新型人才培养的目标。既要实现实验室的某一发展目标，又要协同实现跨学科、交叉实验室的发展目标。各相关实验室之间利用彼此的资源优势，形成相互协同意愿，推动实验室协同创新进程。政府、企业和其他非营利机构等校外各利益主体冲破各种利益壁垒，突破各种思维约束，通过各利益主体的相互协同，共同促进高职院校实验室的协同创新发展，使实验室成为实验教学、人才培养与科学研究的摇篮，创造更多科研成果，推动社会科技进步和生态文明发展。

二、高职院校实验室为人才培养和社会进步搭建协同创新平台

高职院校实验室协同创新参与主体众多，发展目标各异，多样化主体和多发展目标要求通过高职院校实验室这个平台共同促进高职院校教育教学改革，不断产生新的研究成果，为教育教学的提升搭建协同创新平台。各高职院校实验室根据专业培养特色，提高特色人才培养能力和特色办学效果，将特色专业培养与人才跨学科培养相结合，鼓励高素质人才"走出去"。既带动学校内部实验教学和科研成果，也提升各高职院校之间人才培养和科研成果的相互交流，通过实验室这个平台，加大高职院校与兄弟院校、政府、科研院所、教育机构以及其他非营利组织的深度融合，建立实验科研和人才培养的资源共享、利益共分的协同创新

平台，促进高职院校日益发展和社会不断进步。

三、优化高职院校实验室协同创新的过程

高职院校实验室在当前高等教育中的作用不可小觑，但实践证明，单一的实验室发展不利于高职院校教育教学改革的进展。当前实验室面临着功能得不到充分体现、实验室使用率低下、实验资源浪费等诸多困境，充分利用高职院校实验室这一平台，成为实现实验实践型人才培养这一目标的基础。

在高职院校实验室运行过程中，博士后和博士研究生辅导实验工作，本科生积极从事科研工作，教授从事教学与实验科研工作，实验教师申请科研项目、从事实验项目研究、接受科研成果绩效评估，学术委员会对实验项目科研的进展进行评估、制定实验项目的研究方向、监督实验室规章制度的执行情况。实验室主任定期汇报实验室运转的基本情况以及存在的问题，在实验科研工作者、实验室技术人员、实验管理人员之间起到桥梁和纽带的作用。学校成立专门委员会对实验成果的绩效进行评估，这是实验室内部协同的优化过程。实验室外部协同过程包括政府资助实验室建设，政府支持企业参与高职院校实验室合作协同育人项目，支持慈善机构的资助，支持外部协同主体间的密切配合，共同推动高职院校教育教学改革进程，促进高职院校实验室实验实践人才协同创新培养机制的形成与优化。

四、探索高职院校实验室协同创新机制

高职院校实验室协同创新的过程是高职院校教育改革的强大动力，其实现需要机制的引导与协调，重要的是各创新主体形成自愿联盟。遵循协同的联盟协议，合理分配各利益主体间的利益，制定各主体的运行原则、运行方式以及运行原理。高职院校实验室协同创新管理以实验室的建设与管理为核心，实现各主体相互牵制、相互协同的发展目标。

五、提升高职院校实验室协同创新绩效水平

高等职业院校实验室管理以各类创新单位的内外合作为基础，以增加投入并提高产出为目标，旨在优化重点实验室大规模设备的使用率，提升实验教学和科研标准，以此更有效地为社会提供服务。随着教育改革的不断推进，高职院校办学水平不仅局限于理论教学，实验实践教学已成为衡量高职院校办学水平的重要指标。理论授课品质、实践授课品质、高职院校的科研成果以及学生的就业品质，构成了评估高职院校能否持续发展的关键标准。竞争成为高职院校实验室建设与管理的强大动力，促使实验室不断提高管理水平，产出更多科研成果，培养

出更多实验实践和创新能力强的学生。

高职院校改革的一个重要方向是如何实现以最小的资源投入产生最大的经济效益,高职院校科研成为衡量这一经济效益的重要指标,而高职院校实验室也恰恰成为实现这一目标的重要场所。高职院校实验室是高职院校实验室内部、高职院校职能部门、跨学科实验室以及外部其他各因素相互融合的结果,需要政府尤其是教育主管部门提供更多的政策支持,激发各创新主体的积极性,凝聚各创新主体的力量,为实现高职院校实验室协同创新管理注入更多活力,给予智力支撑和制度支持。

六、营造高职院校实验室协同创新氛围

协同创新既要实现资源的最小投入,减小环境带来的负面影响,同时也要紧紧围绕协同创新的整体目标,各创新主体和创新要素相互协作、相互补充、相互配合,共同实现高职院校实验室的创新管理,发挥高职院校实验室实验实践教学与科研产出的功能。高职院校实验室内部管理各异,从事实验和科研内容也各不相同,但要充分利用各实验室的优势,增强教学、实验与科研的密切配合,营造高职院校实验室对外自由开放、激发创新热情、宽容失败的良好创新氛围。形成拼搏进取、互助合作、敢于挑战、勇于奉献的协同创新的文化环境。突出协同和创新在高职院校实验室管理中的重要地位,强调"协同"是高职院校实验室发展的重要动力,"创新"是高职院校实验室发展的力量源泉。本着在协同中激发创新的火花,在创新中实现更高层次的团结合作,共同促进高职院校实验室发展,产生更多的科研成果,服务于高职院校各项工作,促进社会经济繁荣与稳定。

第四节 高职院校实验室协同创新机制的构建

借鉴国外重点实验室的成功经验,构建我国高职院校实验室的协同创新管理机制。将我国高职院校的国家级实验室与实验教学、科研机构、企业以及其他非营利组织紧密联系在一起,发挥各自优势,取长补短,共同解决科技前沿问题,解决经济发展的热点和难点问题。高职院校实验室的协同合作可以是合作研究与开发、资助科研设计与开发、实施大型设备开放、提升技术服务水平等。高职院校实验室协同是内部协同与外部协同相互作用的结果。

一、高职院校实验室的内部协同机制

高职院校实验室是一个综合平台,集人才培养、实验教学和科研于一体,要

实现这一目标，需要相关学科与相关科研人员集聚在一起，共同谋划发展。既需要高职院校实验教师（C）、该领域的科研人员（D）、跨学科科研人员（B）、实验技术人员（A）的参与，也需要博士后、博士生、硕士生、本科生的积极参与。为攻克某一研究课题，需要内部各参与主体的积极配合、相互切磋，需要多学科交叉合作的科研团队共同实现。在科技快速发展的今天，开展内部各创新主体之间的相互合作，协同创新成为高职院校开展科研的重要组织形式。

二、高职院校实验室的外部协同机制

实验室已然成为高职教育体系中的关键环节，旨在通过政府、商业和产业界、同行学校、科研机构以及国际顶尖研究组织的联动合作，进一步推进高职教育的发展。

（一）政府与高职院校实验室协同

政府为高职院校实验室建设提供强有力的资金支持。高职院校重点实验室的财务费用包括实验室的建设经费、开放运行经费及科研经费等。其中政府负责实验室建设经费的全面拨款；大部分开放运行经费由政府财政拨款，其余经费采用自筹形式；而科研经费以项目申请形式由政府资助，其科研成果回馈社会，产生更大的经济效益。随着科技强国战略的进一步深化，中央财政设置国家重点实验室专款专用建设经费，加大实验室开放力度、缩短大型仪器设备更新周期，加强自主创新研发投资。

政府良好的制度环境有助于高职院校协同创新的开展。政府作为最权威机构，为高职院校、企业和科研院所协同创新提供法律保障。作为立法和政策的创制者，我国政府应当参考并吸取先进国家的成功经验，通过制定相应的法规和计划，并提供必要的经济援助，保证高职院校实验室、公司和非营利性组织能够申请联合专利。身为公共财源的分配者，政府应施行一套合理的奖励体系，促进高职院校、科学研究机构以及企业单位之间的协同合作，共同加快技术创新的步伐，进一步促进经济社会的繁荣和发展。

构建资源共享的制度平台，促进国际合作与交流。作为各种规章制度的设立者，政府鼓励高等职业教育机构通过公开的方式分享优秀的科研设施，尤其是以此提高大型设备的使用率，进一步提升其产出价值。这些制度加快了我国高职院校实验室的建设速度，提升了我国重点院校重点实验室的科技水平和国际知名度。

（二）高职院校实验室与企业的合作

在完善法律保障的基础上，企业根据实际加强与高职院校实验室、科研机构以及其他非营利组织的合作,形成实力雄厚的产学研协同的科研共同体,以提升科技创新水平。

(三)高职院校实验室与其他高职院校实验室和科研院所协同

不同高职院校实验室之间建立联合研究基地。为提升高职院校实验室科研水平,实验室与大学之间、实验室与科研院所之间的协同合作成为新常态,形成优势互补、相互促进的良好合作新格局。

建立不同高职院校实验科研项目之间的合作。利用不同高职院校的学科特色和实验资源差异,完成跨学科科研项目合作,既节约了重复投资的成本,同时加强了兄弟院校之间的友谊,为更广阔的教学与科研合作打下坚实的基础。

建立兄弟院校的科研交流机制。通过科研信息链接网络,将国内外著名高职院校的重点实验室、大学以及重点科研院融为一体,便于高职院校间进行教学与科研的交流和合作。

三、高职院校实验室的内外协同机制

协同是子系统之间相互协调,实现由无序向有序转变的过程,其目标是实现"1+1=2"的协同效应。协同有助于高职院校实验室充分利用学校内部资源,同时还充分利用政府、企业和产业、非营利组织以及兄弟院校之间的所有可利用的资源,超出原有单一实验室的作用效果。当高职院校实验室内部混乱无序时,协同创新效应无法实现;当高职院校实验室具备完善的内外协同创新环境时,内部机制与外部机制有效协同,共同提高高职院校实验室的使用率,最大限度地发挥实验室的教学与科研功能。

高职院校实验室协同创新管理是内外协同作用的结果。政府激励与监督促使高职院校实验室提高创新效率,积极改善实验室管理现状,在高职院校竞争日益激烈的今天,产生更大的经济效益,实现资源最大利用、效益最大产出、高职院校可持续发展的"多赢"目标;企业为高职院校实验教学提供更多的实践场所,将课堂理论和实践构想转化为实践科研成果,同时企业也是实现产学研协同育人目标的重要基地;科研院所与高职院校实验科研的有机结合为当前科学技术注入源源不断的活力,为弥补高职院校实验室全职科研人员的空缺,科研机构利用科研人员优势促进高职院校实验室产生更多优秀的研究成果;兄弟院校的实验室资源为本实验室科研的发展提供有益补充,当前跨学科、跨专业科研成为一种主流,这种情况下高职院校实验室加大与其他院校的教学和科研交流、沟通和合作,大大提升了高职院校实验科研管理水平,创造出更多的科研成果;国际一流大学重点实验室的经验交流与借鉴成为推动我国高职院校实验室建设和发展的强大动力,科研成果的引进和实验室先进管理模式的借鉴成为我国高职院校实验室

协同创新管理的强大支撑，促进高职院校实验室的可持续发展。

可见，高职院校实验室协同创新管理成效既离不开高职院校内部各职能部门的相互支持，博士后、博士生、硕士生及本科生的积极参与，也与政府、产业、企业、科研院所、兄弟院校以及国际一流重点实验室的经验借鉴密不可分，二者有机结合成为推动高职院校实验室可持续发展的强大动力，成为高职院校实验室协同创新管理的有力支撑。高职院校实验室协同创新管理的实现是内外部影响因素协同作用的结果。

第五节 高职院校实验室协同创新管理模式的运行机制分析

创新管理就是协作创新，它在创新运作体系以及有益的工作机制内均有发展和提高，实现创新主体的资源整合与相辅相成，推动资源的公共协作，进而提高资源的利用效率与创新程度。高职院校实验室则是孕育新兴创新人才的关键场所，肩负着实验教学、人才培训、科研工作，以及为社会提供服务等核心任务。

高职院校实验室成为协同创新培养人才的重要基地，高职院校实验室优质资源成为高职院校实验室创新管理的推动力，充分利用各主体协同创新的重要平台，通过优质资源与创新技术共享，将实验室管理推向新的水平。协同创新管理不仅推动高职院校实验室人才培养质量和科研水平，促进高职院校教育体制不断优化，还提高各创新主体的创新能力，促使新技术和新产品的诞生。作为协同创新活动的基础，高职院校实验室是实施协同创新的关键因素，实验室资源的高效利用成为实验室协同创新管理的重要支撑力和推动力。

一、高职院校实验室协同创新管理的动力模式

动力机制为实现高职院校实验室协同创新管理的重要前提和基础，既能有效加快高职教育改革的步伐，又能推动各创新主体之间的相互协同。高职院校实验室协同创新管理既是政府、国际一流重点实验室、企业与产业、兄弟院校之间相互作用的结果，也是高职院校各实验室之间、教学管理部门之间、高职院校师生之间密切配合的结果，是一个动态的、非线性的、全方位多角度的作用过程，这个作用过程涉及高职院校实验室内外协同的各影响因素之间的互动与相互转化。尽管各协同创新主体之间为了各自的利益目标成为从事这一活动的动力源泉，各创新主体目标的动力各异，扮演角色各异，但总体目标都是提升高职院校实验室协同创新管理水平。

（一）协同创新理念引领协同创新管理机制

协同创新理念引领协同创新管理模式，决定管理的方向和趋势，体现资源共享的价值准则，协同创新的目的是不断推进高职院校实验室管理模式的优化，扩大高职院校实验室发挥作用的范围，引领高职教育改革的方向。当前我国绝大多数高职院校实验室的功能过于单一，甚至许多高职院校实验室仅用于简单的实验教学，根本谈不上科学研究。高职院校实验室协同创新的理念打破了传统发展模式，将协同、开放、共享、集成与融合集聚一体，以多维度、多视角、非线性、开放性思维促进协同创新主体互动合作。有别于普通的实验室管理，高职院校实验室协同创新管理需要实验室技术人员、本硕博等学生群体、科研人员进行合作，同时还需要政府、企业与产业、科研院所以及国际一流重点实验室的支持与合作。因此，协同创新的理念有助于提升高职院校实验室协同创新管理水平，提供开放的实验环境和科研场所，推进教学改革进一步深入，增强高职院校的国内外竞争实力。总之，高职院校实验室协同创新管理实质上是各创新主体内外协同的过程，因为单一发展模式很难适应当今教育的发展趋势，协同合作才是发展之本。

（二）协同创新战略与协同创新管理机制

高职院校实验室协同创新管理战略发展是保持协同的长期、全局、可持续发展的关键，长期以来成为协同创新管理的一种管理理念，有利于高职院校实验室各创新主体之间进行资源最优整合、实现实验室资源的充分利用以及促进实验室的持续化发展。高职院校实验室的战略协同是为了实现实验教学或科研而对各创新主体之间运作模式进行协调，相互促进，形成系统结构有序、合作顺畅、成果丰硕的发展战略。

长期以来，我国高职院校实验室发展主要依靠政府的投入、企业与产业的合作以及高职院校的支持而不断前进，但这三者之间为了实现各自的利益目标，很难形成长期的协同战略，产生长期的协同效应。因此，高职院校实验室协同创新管理过程是一个非零和博弈的过程，用各创新主体间的合作、协调与协商表示对抗，目的是寻求使协同创新各利益主体之间获得最大效益的"全赢最佳非零和博弈"策略。政府作为高职院校实验室建设的投资者希望其投入能带来最大的产出，通过实验室科研投入产生更多的科研成果，并很好地回馈社会，促进社会科技进步；企业、产业与高职院校实验室进行科研合作，目的是利用优质高效的师生资源为其带来更好的技术，产生更高的经济效益；高职院校对实验室的支持目标是通过实验室教学与科研提高培养社会适应能力强、创新能力高的当代社会人才。

高职院校实验室协同创新管理的终极目标是培养具有现代素质的创新型与科研型人才。因此各协同创新主体参与、明确相互协同发展战略，才能实现社会、企业与产业以及高职院校协同发展，实现效益最大化。高职院校实验室协同创新管理战略协同只有战略统一、目标明确，才能实现资源最大化，效益水平提升，产生协同创新效应，实现各创新主体相互协调与配合，进而实现高职院校实验室协同创新管理机制不断调整与优化，各主体之间相互协调运转，提高工作效率，产生更多科研成果，促进高职院校、企业与社会协调发展，使实验室的各种功能都得以充分发挥。为此，高职院校实验室各协同创新主体之间理念相通、达成共识、供求互补、协同发展，共同促进全社会和全人类的进步与发展。

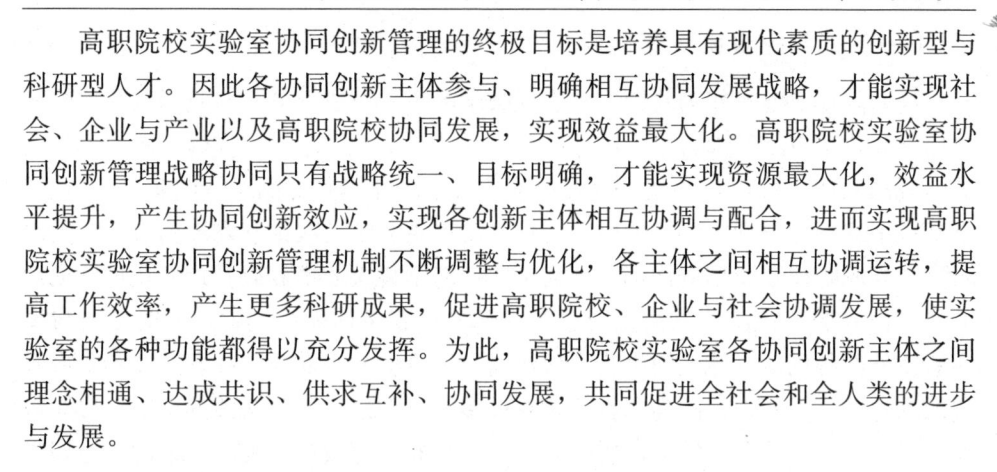

（三）协同创新信任和激励机制

信任与激励机制是高职院校实验室各创新主体协同的基础，形成以信任为基础和前提的协同创新价值，为各创新主体协同创新治理提供行为准则、制度标准及方法总和。利用各创新主体之间良好的信任来对高职院校实验室各创新主体之间的行为和动作进行约束、协调与监督，增进各创新主体之间合作的信誉机制，实现长效合作，提高实验室的使用率，实现实验室的价值。

高职院校实验室协同创新管理的目标是为高职院校培养实践人才，同时也为培养实践与创新人才提供场所。由于各创新主体之间差异显著，协同创新的出发点和落脚点各异，协同创新方向各异。鉴于此，构建宽容有序、彼此信任、目标一致的激励机制，可推动高职院校实验室协同创新管理水平，减少合作中的摩擦与损失。

道德理念成为高职院校实验室协同创新的底线和准则，凝聚各创新主体之间的合力，加强各创新主体之间的共同愿景，推动信任机制不断健全。但无论哪种合作，重要的是人与人之间的合作，各合作主体自身的主动性与合作性成为高职院校实验室协同创新管理的重要组成部分。

二、高职院校实验室协同创新管理的支撑模式

高职院校实验室协同创新管理中各协同创新主体间相互作用、相互制约、相互融合，成为高职院校实验室协同创新管理的支撑体系。因各创新主体之间的文化底蕴、制度约束与实践能力千差万别，充分发挥各实验室的资源优势，合理整合各创新主体优势，为高职院校实验室协同创新管理提供良好的环境，既有助于优化实验室教学与科研结构，也有助于夯实实践教育和创新教育基础，培养更优秀的社会实验实践人才。

（一）有效的组织管理机制

高职院校实验室作为我国实验实践教学的重要组成部分,对我国高职院校人才培养和改革贡献巨大力量。国际一流大学非常重视国家重点实验室的建设与发展,我国高职院校正在突破"满腹经纶"人才培养模式的制约,向实践能力强、创新水平高的综合型人才培养模式转型,实现高职院校改革和发展的目标。国内虽然各高职院校专业划分详细,但为了实现跨学科人才培养以及跨专业科研项目的实施,高职院校实验室需要与本校内部各创新主体做好沟通,同时需要与本实验室外部各创新主体之间进行有效沟通,这恰恰是当前我国高职院校实验室所欠缺的地方。我国现行的高职教育存在过多注重理论、淡化实践的情况,"学习、研究与运用"并重偶尔缺失,极大地限制了高职教育改革的发展。因此,迫切需要建立一种理论深沉、实践基础扎实以及创新能力出色的新型人才培养方式,而实验室是实现这一目标的重要环节。

（二）有效的人才培养机制

作为人才培养重地,高职院校实验室需要突破协同创新管理的机制壁垒。精简机构冗余的管理模式,以服务他人和为他人服务为核心,建立多部分、多主体、多机构协同创新管理的全新机制,明确各方责任,建立组织有序、效率高、信任度强、相互激励、相互沟通的现代组织模式。以共同的实验室建设与发展为目标、以人才培养为主体、以实验科研提升为支撑的现代组织模式,创建理念共识、资源共享、平台共用的现代高职院校实验室协同创新管理机制。首先,高职院校实验室与高职院校其他部门建立内部跨专业教学、开展跨学科科研工作,增强学生的实践与科研能力,提高高职院校教学与科研水平,提升学校的社会信誉。其次,充分利用政府、企业、产业、非营利组织、兄弟院校以及国际一流重点实验室资源,构建外部协同组织机制,用以弥补当前我国高职院校实验室协同创新管理的不足。

三、高职院校实验室协同创新管理的开放运行模式

协同创新作为高职院校实验室管理的重要组成部分,由于创新在高职院校应用时间较短,实验教学在高职院校中的重要性刚刚凸显,政府、兄弟院校、企业与产业以及国际一流重点实验室协同合作对高职院校实验室的影响尚不明显。开放运行模式中主要以政府投资为主,社会资本进入较少,直接影响了高职院校实验室协同创新开放进程。

（一）建立责任鲜明的内部分工机制

高职院校实验室协同创新内部分工机制内容具体、责任鲜明,确保实验教

学、实验管理与实验室科研协同有序发展，成为实验室管理、教学与科研的重要基础。只要具备足够的教学、科研和管理能力就可以竞聘实验室协同创新管理的各个岗位，通过竞争形式获得职位和能力的提升。

（二）积极扩大开放共享的范围

高职院校实验室主要由政府和高职院校进行投资，尤其是近几年大型重点仪器投资比重不断加大。为提高实验设备使用，为高职院校求社会发展做出更大贡献，高职院校实验室积极提升实验室设备开放共享水平，开放的对象可以是本校的师生、兄弟院校的师生、企业、政府部门以及国外高职院校等。

（三）形成有效合作与良性竞争相结合的竞争激励机制

通过高职院校实验室这一开放与共享平台，高职院校实验室内部协同水平得到进一步提高，高职院校内部实验资源实现全面共享与开放。通过跨学科、跨专业科研，高职院校实验室整体创新水平大幅提升，科研成果源源不断。高职院校实验室与其他外部机构交流和合作，可以激发科研思维，推进高职院校教学改革的进程。

四、高职院校实验室协同创新管理的保障模式

高职院校实验室协同创新管理保障机制是指实验室完成教学与科研工作，必须依靠高职院校自身以及政府资金、政策和制度保障，形成任务明确、职责透明以及权利限制的相互协调、互相促进的管理主体。

（一）协同创新制度设计机制

高职院校协同创新过程中要明确各创新主体的利益分配制度，明确各创新主体的职责，构建完善的自我约束机制，利用高职院校实验室的优势，积极拓展与校外其他利益主体的合作，发挥高职院校实验室创新的主动性。从某种意义上说，协同创新集聚各创新主体的资源优势，立足更高层次、更宽广平台，形成高职院校实验室协同创新管理模式。但在实际运行过程中，高职院校实验室内外协同各主体之间由于利益之争，且存在"资源自私"模式，很难实现资源的全面共享。各创新主体之间利益诉求千差万别，资源可利用程度各有千秋，各创新主体追求的目标也不一致。可见，实现高职院校实验室协同创新面临诸多困境。

高职院校实验室协同创新管理本质是一个实践设计问题，同时也是一个制度实践问题。要实现高职院校实验室协同创新管理，必须将协同创新的理念灌输给各创新主体，全面系统设计协同创新管理的制度机制，通过理性的制度设计以及组织结构的合理安排，各创新主体相互影响，实现高职院校实验室协同创新管理

的螺旋式上升模式。

(二)协同创新的资源投入机制

任何事物的正常运转都离不开资金的支持,足够的资金投入成为高职院校实验室协同创新的重要保障。政府充分意识到培养现代综合型人才和进行科研开拓都离不开高职院校实验室,应加大高职院校实验室建设的投入,并构建相应的绩效评估机制,使高职院校实验室在人才培养和科研方面的作用凸显。政府通过政策推动和制度保障,对高职院校实验室的联合创新进行干预,使高职院校实验室从原来的只专注教学向如今关注教学和科研转变,以此为社会提供更出色的服务。高职院校在实验室资源的投入,能在一定程度上体现出对实验教学和科研的权重,而经费缺失则成为阻碍高职院校实验室协同创新发展的关键难题。因此,高职院校实验室应建立多层次、全方位的资金投入体系,积极拓宽资金来源渠道,引导政府部门、企业和其他组织对高职院校进行投资,为高职院校实验室内外协同提供雄厚的资金支持。

参考文献

[1] 李丁，曹沛，王萍.高校实验室安全管理体系构建的探索与实践[J].实验室研究与探索，2014，33（3）：274–277.

[2] 韩方珍，曹咏，冯蜀茗.中外高校实验室安全管理现状分析启示与对策[J].实验室研究与探索，2012，31（8）：452–455.

[3] 彭华松，刘闯，丁珍菊.强化实验室危险化学品管理的思考与实践[J].实验室研究与探索，2018，37（8）：326–329.

[4] 胡晓娜，苗震夔，范淑君.高校化学实验室规范化管理探究[J].化工管理，2018（26）：203–204.

[5] 徐敏华."课程思政"理念下研究生实验室安全教育路径探析[J].黑龙江教育学院学报，2018，37（9）：45–47.

[6] 陈献雄，王晓梅.基于微信公众号的实验室安全教育模式初探[J].南方医科大学学报，2018.

[7] 马丽丽，陈晓晖，吴跃伟.依托大科学设施的生物安全国家实验室建设经验与启示[J].科技进步与对策，2019，36（2）：20–27.

[8] 贺花，师书玥，黄永震.高校实验室实验动物生物安全管理与规范[J].安徽农业科学，2018，46（31）：217–219.

[9] 彭华松，刘闯，张青青.实验室危化品废液"减量化"管理的思考与建议[J].化学世界，2018，59（10）：692–696.

[10] 盛英卓.高校实验室安全日常管理探索[J].高校实验室工作研究，2016（1）：67–69.

[11] 印大秋，高明松，高等学校实验室管理概论[M].哈尔滨：哈尔滨工程大学出版社，2005.

[12] 王晓迪，高校实验室技术安全概述[M].哈尔滨：哈尔滨工程大学出版社，2014.

[13] 许景期，许书烟.高校实验室管理与安全[M].厦门：厦门大学出版社，2016.

[14] 秦坤，付红，孟宪峰.高校实验室危险化学品的安全管理[J].中国现代教育

装备，2016（1）：24–26.

[15] 李苏．试论高校经费来源的基本模式及其借鉴[J]．会计之友，2017，34（9）：222–226，238.

[16] 李立高．信息通信建设项目管理中风险认识与风险点确定研究[J]．湖南邮电职业技术学院学报，2018，17（3）：1–3.

[17] 刘清毅，杨新峰，朱金学．论通信工程项目中的投资管理[J]．通讯世界，2016（22）：16–17.

[18] 王玺，张子宁．基于新时期环境下通信项目管理存在的问题及解决措施探讨[J]．中国新通信，2016，18（8）：76–77.

[19] 战英，于海斌．通信工程建设项目特点及其发展优势[J]．知识经济，2013（14）：117.

[20] 汪昆．通信工程项目中的风险管理与控制策略探究[J]．中国新通信，2019（11）：30–31.

[21] 赵亚军，郁光辉，徐汉青．6G 移动通信网络：愿景、挑战与关键技术[J]．中国科学：信息科学，2019，49（8）：963–987.

[22] 叶秋晖．移动通信工程项目风险管理研究[J]．数字通信世界，2017（2）：112–113.

[23] 胡侃，王章莉．高校实验教学实验室经费管理探析[J]．湖北经济学院学报（人文社会科学版），2015，12（12）：85–86.

[24] 雷东．美国国家实验室的管理模式及其借鉴意义[J]．长沙民政职业技术学院学报，2009（3）：108–110.

[25] 周建丽，周进洋．高校实验室管理方法的研究[J]．价值工程，2018，9（29）：30–31.

[26] 王敏．通信工程项目风险管理途径分析与研究[J]．信息系统工程，2017（6）：86–87.

[27] 谢赣乐．通信工程项目中的风险管理与控制策略[J]．数字通信世界，2018（8）：281.